CRIPTOZOOLOGÍA:

EL ENIGMA DE LAS

CRIATURAS INSÓLITAS

CRIPTOZOOLOGÍA:

EL ENIGMA DE LAS

CRIATURAS INSÓLITAS

Las maravillas y misterios de la zoología.
Los animales más increíbles y el origen de
muchas leyendas.

DANIEL ROJAS

nowtilus

Colección: Investigación Abierta
www.nowtilus.com

Título: Criptozoología: el enigma de las criaturas insólitas
Autor: © Daniel Rojas

© 2010 Ediciones Nowtilus S. L.
Doña Juana I de Castilla 44, 3º C, 28027 Madrid
www.nowtilus.com

Editor: Santos Rodríguez

Diseño y realización de cubiertas: Ediciones Noufront
Diseño y realización de interiores: JLTV

ISBN: 978-84-9763-816-6
Fecha de publicación: marzo 2010

Printed in Spain
Imprime: Graphycems
Depósito legal: NA-239-2010

A todos los que, para bien,
han formado o forman parte de mi vida.

ÍNDICE

PRÓLOGO

La historia de un chimpancé llamado Oliver causó un gran revuelo en los años setenta. Se cuenta que fue capturado en el Congo y adquirido a una temprana edad por dos entrenadores, Frank y Janet Berger, como un chimpancé normal, aunque sus rasgos físicos y su rápida forma de aprendizaje, recibiendo órdenes y ejecutándolas perfectamente, parecían decir lo contrario. Tenía poco pelo, un cráneo pequeño y redondeado, oídos pronunciados y la increíble habilidad de poder andar erguido durante casi todo el tiempo. Aparte de costumbres como sentarse en el sofá con sus criadores para ver la tele mientras tomaba una taza de café o una copa, después de un duro día de trabajo ayudando en las tareas de la casa, lo que más parecido le daba al hombre era su inteligencia y actitud casi humana. Según declararía su cuidadora Janet, era muy pacífico y no le gustaban las escenas violentas que salían en la tele, a lo que respondía golpeando la pantalla. Oliver se sentía atraído sexualmente por las hembras humanas, rechazaba a las hembras de su especie y a su vez ellas a él, por lo que nunca pudo procrear. En 1975 un abogado de Manhattan llamado Michel Miller, que se había obsesionado con Oliver tras verlo en una revista, se presentó en casa del matrimonio con la intención de llevárselo, lo que le costaría unos ocho mil dólares. Maravillado, el ex abogado invitó a varios científicos a conocerlo, de modo que toda la historia salió a la luz. Una cadena nipona de televisión ofreció a Miller dinero y unos estudios genéticos para aclarar el misterio de Oliver, que finalmente no resolverían. El colmo llegaría cuando una chica japonesa declaró que se ofrecería como pareja del animal, pudiéndose filmar en el acto sexual para estudios científicos. Arrepentido por la lamentable situación en que se encontraba Oliver, enjaulado casi inmóvil, el antiguo abogado lo rescataría dejándolo en manos del adiestrador Ralf Helfer, con la condición de cuidarlo y alejarlo de todo aquello que pudiera hacerle algún mal. Así pasaría sucesivamente de cuidador en cuidador, trabajando en *shows* de televisión, hasta que en 1989 fue revendido a la Buckshire Corporation de Pensilvania, donde de nuevo pasó siete años encerrado en una jaula que ocasionó que se le atrofiaran los músculos.

En 1996 fue rescatado una vez más de los laboratorios y llevado a un refugio para chimpancés donde lo rehabilitaron. En este año se le harían pruebas genéticas en la Universidad de Chicago para determinar el misterio de su físico y carácter. Después de varias pruebas en las que algunos se declinaban por una especie de híbrido, finalmente se concluyó que Oliver era un chimpancé normal, con el mismo número de cromosomas que estos. Por este motivo, Oliver quedó relegado al olvido.

El enigmático y aclamado Oliver.

Aunque muchas de las características que se le atribuían en distintos medios fueran exageradas para aumentar su leyenda, quedaron bastantes interrogantes sobre su conducta casi humana, y estaba claro que, de alguna forma, él no era igual al resto de los chimpancés.

Pero la simpatía de Oliver queda muy lejos de la verdadera imagen de los chimpancés. Son omnívoros y también caníbales, ya que hacen batidas en grupo muy bien organizadas para cazar, e incluso recientemente se han observado ejemplares que utilizaban lanzas para cazar pequeños primates. En el Parque Nacional de Gombe, donde la famosa primatóloga Jane Goodall realizara sus estudios sobre estos simios, las normas prohíben la entrada de niños menores de ocho años. En una ocasión un matrimonio norteamericano descuidó a su hijo pequeño para fotografiar a los chimpancés, momento que aprovechó uno de ellos para atrapar al niño, subirse a un árbol y comérselo. En las últimas décadas se tiene constancia de que, debido a la proximidad de campos de cultivo a sus hábitats naturales, algunos simios han llegado a raptar a los propios hijos de las trabajadoras. Incluso a veces utilizan sus organizados métodos de grupo, mientras unos distraían a los hombres armados, otros se dedicaban a rastrear las zonas cultivadas en busca de cualquier tipo de alimento, ya fuera de origen vegetal, animal o humano. Los chimpancés no son personas aunque a veces lo parezcan, no razonan ni se rigen por una ética o moral como nosotros. Estos casos ocurren porque invadimos su hábitat natural, les estrechamos tanto su mundo que no les queda más remedio que adaptarse al nuestro, en el que encuentran fáciles oportunidades de encontrar alimento.

Pero, por mucho que la fauna se adapte, el progresivo exterminio de sus hábitats termina provocando la extinción de muchas especies. Y si es difícil convencer a la humanidad de lo negativo que resulta que especies de gran tamaño como mamíferos o aves se extingan, imagínense un insecto.

La última vez que se vio con vida a la tijereta de Santa Elena fue en la década de los sesenta. La introducción de roedores, de la *Scolopendra morsitans,* gatos, cabras y otros animales, así como la destrucción de su hábitat causaron su más que probable extinción. La *Labidura herculeana* era la tijereta más grande del mundo, llegando a medir el ejemplar más grande catalogado 7,8 cm. Esta especie endémica tenía un color negro brillante y unas patas rojas, era de hábitos nocturnos y más activa después de las lluvias. Habitaba las zonas secas y áridas de la isla. Fue descubierta por primera vez en 1798 por el danés Johan Christian Fabricius, y se confundió posteriormente con la *Labidura riparia* de menor tamaño. Los últimos en verla fueron los ornitólogos Douglas Dorward y Philip Ashmole cuando buscaban huesos de aves en 1962, y ya en consecutivas expediciones, exactamente en los años 1988, 1993 y 2003, no hubo ni rastro de ella. A pesar de todo, en 2005 los científicos se opusieron a la construcción de un aeropuerto, pues aún tenían esperanzas de que hubiese sobrevivido en algún lugar remoto de esta isla del Atlántico, situada entre los continentes de África y Sudamérica, donde Napoleón Bonaparte pasó sus últimos días de vida al ser arrestado por los ingleses.

Cada día se descubren nuevas especies de insectos y al mismo tiempo otras desaparecen sin haber sido catalogadas. Pero lo cierto es que el hallazgo de estos pequeños animales no causa la misma impresión que descubrir especies de mayor tamaño.

Ahora situémonos en la Antártida, donde el deshielo está poniendo en grave peligro a los ecosistemas. Aquí el 90% de las alrededor de trescientas especies de peces son endémicas. Dadas las bajas temperaturas, casi todos los peces contienen anticongelantes en la sangre. Los peces del hielo de la familia *Chaenichthyidae,* sorprendentemente, son los únicos vertebrados que carecen de hemoglobina, pigmento encargado de transportar el oxígeno en la sangre. Para contrarrestar esta pérdida, el oxígeno ya está directamente disuelto en la sangre. En un medio acuático con grandes concentraciones de oxígeno, esta adaptación le permite gastar menos energía y poseer una sangre mas fluida.

El deshielo producido por el calentamiento global también está dejando a la luz nuevas especies hasta ahora desconocidas. Una expedición oceanográfica de alemanes accedió a zonas intactas desde hace miles de años, desprotegidas ahora por los recientes deshielos, recogió un millar de especies, casi todas nuevas, y curiosamente muchas de estas se encontraron a menos profundidad de la esperada. A finales de 2006 se clasificó un pez de 34 cm en el estrecho de Mac Murdo, en el mar de Ross, a 20 m de profundidad. El *Cryothenia amphitreta,* de un color dorado y púrpura, tenía una abertura entre los ojos, que a su vez tenía otros dos orificios.

Recientemente, en una nueva expedición del buque Tangaroa por el mar de Ross, se hallaron nuevas y grandes especies desconocidas, entre ellas moluscos, medusas con unos tentáculos de 4 m y enormes estrellas de mar del tamaño de un plato de cocina.

Los hallazgos zoológicos siguen deparando aún muchas sorpresas. ¿Pero qué ocurre con todas aquellas misteriosas criaturas de las que hay cientos de informes pero que la ciencia se niega a dar como reales? Ahí es donde actúa la criptozoología, una disciplina o pseudociencia a la que se acusa de aprovecharse de los descubrimientos de la zoología convencional y también de una incapacidad de demostrar los suyos propios, por otro lado algo lógico, ya que se le atribuyen principalmente otros seres de tinte más fantasioso y legendario.

En los años noventa un profesor grabó unas imágenes de una extraña criatura que nadaba por la superficie del lago Van, en Turquía . Este ser ya contaba con muchos testigos desde hacía tiempo, entre ellos un gobernador provincial que lo describió «como un monstruo de color negro y con protuberancias triangulares en el lomo, parecido a un dinosaurio». Un barquero, Mugdat Auci, que dijo haberlo visto en el 2005 comunicó: «La criatura posó su cabeza sobre mi embarcación, estaba aterrorizado. Parecía un hipopótamo con un largo cuello de dos metros». Un año más tarde un equipo de filmación japonés capturó más imágenes del monstruo a 300 m de la costa. Fueron muy discutidas por la oscuridad y el desenfoque de la grabación. Los escépticos aseguran que una criatura de un tamaño tan grande es imposible que pueda vivir en un lago tan cerrado como el Van.

Hay que admitir que la existencia de un monstruo lacustre, aunque no imposible, parece muy difícil. Todo depende también de a qué se llame «monstruo», ya que en estos casos ello implica una relación con los antiguos

El mundo entero está repleto de lagos habitados por supuestos
monstruos lacustres, como se muestra en esta imagen de 1872 del
Ogopogo en Canadá.

reptiles acuáticos. Tal vez tanto en este ejemplo como en el más famoso de Nessi en Escocia, todo se deba a una serie de equivocaciones y malinterpretaciones, o que en caso de que el «monstruo» en cuestión existiera, se trate de una nueva especie de grandes proporciones no descubierta aún y de la que existen esquivos o escasos ejemplares, sin recurrir a los antiguos saurios extintos. Recordemos que hoy en día no solo se descubren nuevos tipos de insectos o peces, sino también reptiles, aves o mamíferos, o incluso especies que se creían extinguidas por el hombre hace ya años.

Desde que Bernard Heuvelmans a mediados del siglo XX estableciera el término «criptozoología» para «el estudio de los animales de cuya existencia simplemente se posee evidencia circunstancial y testimonial, o solo evidencia material considerada insuficiente por la ciencia oficial», esta ha ido tomando cada vez más seriedad entre algunos científicos. Tal es la curiosidad de estos expertos por saber qué se esconde detrás de todos estos mitos que incluso algunos han abandonado privilegiados puestos de trabajo para dedicarse por completo a la búsqueda de estos críptidos, como fuera el caso de Jordi Magraner. Hijo de un mecánico valenciano que emigró a Francia, cursó allí sus estudios como zoólogo para posteriormente ingresar en el Museo de Ciencias Naturales de París. Pero todo aquello se le quedaba pequeño, y en 1993 decidió abandonar su puesto en el museo para dedicarse íntegramente a la búsqueda del *Barmanu,* el Yeti de Pakistán. Tras casi una década de investigaciones en las que pasaría penurias, Jordi había conseguido adaptarse al modo de vida tradicional de Krakal, un recóndito pueblecito rodeado de grandes montañas. Se había convertido para los aldeanos en una especie de enviado divino del cielo que se ocupó de la enseñanza de los niños y de que las costumbres tradicionales no se perdieran. Pero lamentablemente en agosto de 2002 su cuerpo fue encontrado degollado junto al de su pequeño ayudante de trece años en el despacho de su casa a las afueras de Krakal. La catástrofe de las Torres Gemelas el 11 de septiembre de 2001 en Nueva York significaría el comienzo de una guerra en la fronteriza Afganistán, lo que creó entre los musulmanes una gran repulsa hacia todo lo occidental. Aunque su familia y la Embajada Española en Pakistán le intentaron convencer de que abandonara el país, Jordi se negó rotundamente, elección que desafortunadamente le costaría la vida. Desde estas humildes líneas, un más que sincero pésame a este extraordinario aventurero.

Tal vez el ímpetu de Jordi Magraner no haya sido en vano y algún día sus estudios den su fruto. La posibilidad de encontrar una nueva especie de homínido no es imposible, como veremos más adelante. Casos más extraordinarios se han dado.

En el desierto del Sahara en Mauritania, se calcula que una treintena de cocodrilos de la misma especie que los del Nilo *(Crocodylus niloticus)* permanecen aislados en una charca de unos 100 m² desde hace unos nueve mil años. Su alimentación se basa en peces, logrando ayunar a lo largo de meses si es necesario. El lugar mantiene una equilibrada cadena trófica, y para mayor sorpresa no atacan al ganado que se acerca a beber al lugar, por lo que a cambio nunca han sido molestados por los ganaderos. Sin duda un espectacular caso de adaptación y supervivencia, donde el río más cercano

Livingstone en sus viajes por África pudo contemplar algunas cacerías de chimpancés y dar fe de su ferocidad.

está a unos 200 km, pero que, lamentablemente, su suerte parece estar echada.

¿Y qué me dicen de un insecto que tiene una fase larvaria de diecisiete años? Si hay un caso espectacular en el mundo de la entomología ese es el de las cigarras periódicas. La *Magicicada septendecim* es el insecto con el ciclo vital más largo que se conoce. Tras diecisiete años de espera emerge del suelo, completa la metamorfosis, se aparea, pone los huevos y muere. Otra especie, la *Magicicada tredecim* lo hace cada trece años. Estas dos cigarras viven en el este de los Estados Unidos y durante la larga fase larvaria se alimenta de la savia de las raíces de los árboles. Su metamorfosis es similar al de otras cigarras, sale de la tierra una ninfa sin alas que trepa a los árboles, donde se transforma en crisálida. Luego se deshace de esta, seca sus alas y se prepara para buscar pareja y aparearse.

Pero hay otro misterio sumado que se asocia a los números primos. Se cree que la cigarra intenta evitar los ciclos vitales de un parásito. Si por ejemplo el parásito tiene un ciclo vital de cuatro años, la cigarra evitará un ciclo divisible por 4, y como ni los números 13 y 17 son divisibles por otros números, salvo por sí mismos y la unidad, la cigarra ha logrado evolucionar con un ciclo vital largo con una escasa posibilidad de coincidencia.

En una mina de oro cerca de Johannesburgo, Sudáfrica, hizo su aparición el *Desulforudis audaxviator,* el único ser vivo del que se tenga constancia que no necesita el oxígeno para poder vivir. Esta bacteria se sirve del hidrógeno y sulfatos para sus funciones básicas. Fue hallada a 2 800 m bajo tierra, donde se alcanzan temperaturas de 60º C, cuando se muestreó ADN del agua de

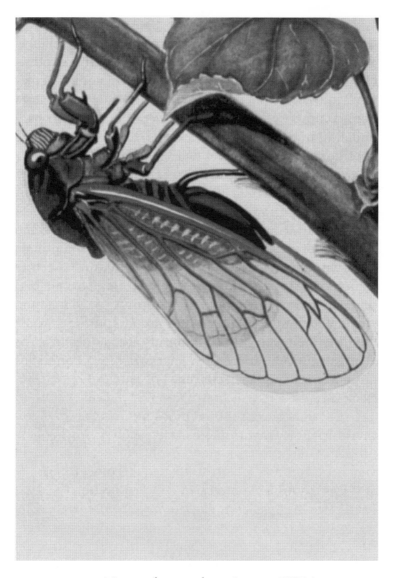

Magicicada septendecim. Imagen: USDA.

las profundidades. Ahora los científicos, entre ellos el doctor Dylan Chivian, creen encontrar aquí la explicación a los inicios de la vida en la tierra, así como la esperanza de encontrar otros seres vivos fuera de la tierra que, como en este caso, no necesiten de oxígeno para poder vivir. Su nombre se basó en una frase en latín de la famosa novela de Julio Verne, *Viaje al centro de la Tierra*: «*Descende, audax viator, et terrestre centrum atinges*», que significa 'desciende valiente viajero y conseguirás llegar al centro de la Tierra'.

La gran cantidad de sorpresas que alberga el reino animal no parece tener límites. Este libro es una mirada personal y una recopilación de todos aquellos temas zoológicos, criptozoológicos y paleontológicos que más sensación me han causado a lo largo de mi vida como aficionado al mundo animal, un mundo por desgracia a menudo menospreciado e ignorado, pero que sin duda alberga miles de misterios y maravillas, sin contar los que aún quedan por descubrir.

DEL MAR
Y SUS PROFUNDIDADES

Nos habíamos convertido en plancton. Me imaginé que permaneceríamos suspendidos entre dos aguas una infinidad de tiempo, mientras el Holandés Errante seguiría navegando por la superficie de los mares. El color azulverdoso del exterior se volvió frío y enemistoso. Hicimos lo que pudimos para darnos a entender con señales del reflector, pero una parte de mi cerebro seguía trabajando con normalidad y pudo contar veinticuatro medusas que pasaron nadando por delante de nosotros.

Estas fueron la palabras de William Beebe el 6 de junio de 1930 cuando descendió junto a su colega Otis Barton en la batisfera a 240 m en las aguas de Bermuda. Por primera vez el hombre se adentraba en las profundidades oceánicas. En septiembre de 1932, después de repetidas inmersiones, la batisfera alcanzó casi 700 m y Beebe comentó: «De aquí para abajo desde hace dos mil millones de años no ha existido ni día ni noche, ni verano ni invierno, nada que diera una medida del curso del tiempo, antes que nosotros lo hiciéramos ahora». En uno de sus viajes al abismo Beebe contempló una serpiente de 6 m de largo muy ancha, con unos afilados dientes. Por ahora él es la única persona que ha podido ver semejante animal. Ya en 1949, Barton sobrepasaría los 1370 m.

La mayor hazaña en inmersiones llegaría en enero de 1960. Jacques Piccard y Don Walsh consiguieron descender en el batiscafo Trieste hasta el mismísimo suelo de la fosa de las Marianas, la mayor profundidad abisal con más de 11 km, situada en el Pacífico Occidental. Piccard divisó en el fondo arenoso lo que describió como un pequeño pez plano de unos 30 cm de longitud. Cuarenta y cinco años después una expedición japonesa dirigida por Yuko Todo volvió a encontrar vida en las profundidades de la fosa. Eran organismos vivos unicelulares, una forma de plancton hasta entonces desconocida, y calcularon que dichos seres podrían haberse formado hace seis millones de años. El problema en este lugar radica en la ausencia de luz y sobre todo en la enorme presión, mil veces mayor que en la superficie de la Tierra. Sin embargo, incluso el lugar más profundo de los océanos contiene vida.

Si partimos de la popular frase que nos dice: «Se conoce más del universo que de los fondos marinos», ¿qué increíbles criaturas nos aguardan en los oscuros abismos? Descubrir las profundidades y sus habitantes ha sido desde siempre un sueño para la ciencia. Desde que en 1844 el zoólogo Henri Milne Edwards caminara con su escafandra más de media hora por el fondo del mar, poco se ha descubierto todavía, considerando la grandiosidad de los océanos y su hostilidad, pues la enorme presión a mayor profundidad sigue siendo una enorme barrera. A pesar de todo, se han conseguido hacer exploraciones en las que se ha obtenido mucha información y filmaciones de extrañas y nuevas criaturas.

En los años noventa el equipo del famoso explorador e investigador Jacques Cousteau sumergió una jaula anti tiburones cebada con carne de camello para filmar tiburones, en un lugar de la costa africana cercana al mar Rojo. Supuestamente hubo una filmación en la que la jaula era brutalmente atacada por una gran criatura desconocida. La grabación nunca se hizo pública, al alegar el francés que «la humanidad no estaba preparada para ver lo que había allí abajo». Hay quien duda de lo ocurrido y de si existe realmente la filmación, como si todo fuera un montaje para crear gran misterio al asunto. Cousteau también realizó, a finales de los setenta, una exploración de los fondos del lago Tahoe (California), curiosamente el hogar del monstruo Tessie. Sobra decir que era un apasionado de las misteriosas criaturas que los lagos y mares podían albergar.

En la bahía de Suruga una expedición japonesa colocó un gran cebo a unos 1500 m de profundidad, lo que no tardó en atraer a numerosos escualos. De repente, una enorme masa apareció cerca de la carroña dejando atónitos a los nipones y al mundo entero. Ni siquiera se logró filmar al animal en su totalidad debido a su enorme volumen. Las teorías para identificar a tal espécimen van desde el cachalote, pasando por el *Architeuthis,* hasta el legendario *Megalodon.* Aunque la más plausible puede estar en el tiburón durmiente *(Somniosus pacificus)* debido a su gran voracidad y lento movimiento, no sin grandes dudas, pues la criatura parece superar los 7 m que suele alcanzar el *Somniosus pacificus.*

William Beebe en la batisfera.
Foto: NOAA Ocean Explorer.

Recientemente científicos japoneses y británicos filmaron en la fosa del Japón a una profundidad de 7703 m, donde no se esperaba encontrar nada, un grupo de diecisiete peces *Pseudoliparis amblystomopsis*, que nunca habían sido vistos con vida, mediante sumergibles resistentes a la enorme presión. Solo se sabía que estos «peces caracol» de 30 cm vivían únicamente a más de 6000 m de profundidad. En 1970 se capturó un ejemplar de *Abyssobrotula galatheae* a 8000 m en una profunda zona de Puerto Rico que llegó muerto a la superficie. Era el mayor récord registrado de supervivencia a gran profundidad.

Gracias a las capturas de pescadores de todo el mundo, de casualidad en trabajos relacionados con el mar o intencionadamente por los científicos, continuamente se recogen y catalogan nuevas especies abisales, que se traen a la superficie para su posterior estudio.

En 1923 unos pescadores atraparon un extraño animal de unos 6 m de largo y 1200 kg de peso en el pueblo italiano de Camogli, animal que tenía una extraña boca y una protuberancia en la cabeza. El desconocido espécimen pudo ser una nueva y extraña especie, o bien un escualo o cetáceo con malformaciones. La prensa de la época lo apodó como el «rinoceronte marino».

Pero dos décadas antes aparecería otro extraño ser, el primer ejemplar de tiburón duende *(Mitsukurina owstoni)*, concretamente alrededor del año 1900. El también llamado *Tenguzame* por los japoneses parecía ser la respuesta a todos aquellos avistamientos de monstruos marinos a lo largo de siglos, pues su morfología no era nada habitual entre las especies hasta entonces conocidas al presentar un prolongado morro repleto de elec-

Extraño animal encontrado en Camogli, Italia, en 1923.

trorreceptores que sobresalían de su hocico y una boca extensible que se movía hacia delante al abrirla. El primer ejemplar capturado, de un color rosa grisáceo, medía 1,5 m. Único representante vivo de la familia *Mitsukurinidae,* este tiburón puede alcanzar una longitud de 3,5 m, encontrándose a una profundidad de 1200 m, principalmente en Sudáfrica, Portugal y Japón. En este último país es donde mayor número de ejemplares se han pescado. El 25 de enero de 2007, unos pescadores capturaron en sus redes un ejemplar de 1,5 m de largo, a una profundidad de entre 150 y 200 m. Un equipo del Tokyo Sea Life Park que se encontraba a bordo del barco lo trasladó a un acuario donde, tras ser expuesto al público, murió al poco tiempo.

Una de las más grandes especies de tiburón la encontramos en el océano Glacial Ártico. El tiburón boreal o de Groenlandia *(Somniosus microcephalus)* vive a una profundidad de 2500 m, donde se cree que comparte una simbiosis con un parásito que le causa una ceguera parcial. Este copépodo, a cambio de alimentarse de partes del ojo, emite una bioluminiscencia que atrae presas para el escualo. Esto explicaría los restos de calamares en su estómago, que suelen ser animales muy rápidos, aunque el tiburón boreal principalmente suele ser carroñero, para lo que ha desarrollado un olfato muy sensible. Curiosamente en su estómago también se han hallado restos de caribúes, caballos y osos polares.

Aunque su carne es venenosa, en Islandia y Groenlandia es muy apreciada, teniéndose que preparar mediante un prolongado y elaborado tratamiento a lo largo de meses. El pueblo inuit de Groenlandia, que lo llama *Skalugsuak,* es buen conocedor de este tiburón y lo pesca desde antaño, utilizando su carne para alimentar a sus perros. Es muy poco lo que se sabe de él, y los científicos creen que alcanza los doscientos años de vida. En 2006 el pesquero gallego Coral atrapó un tiburón boreal en sus redes con una longitud de 3'30 m y un peso de 300 kg. Podría considerarse algo inusual por la lejanía del hábitat principal, pero otros ejemplares también han sido hallados en zona antártica.

De mucho menor tamaño, unos 50 cm, pero increíblemente voraz es el tiburón cigarro *(Isistius brasiliensis),* que se aferra a sus presas parasitariamente hasta arrancarles trozos de carne perfectamente circulares. Vive a una profundidad de 3500 m, pero sube a la superficie al anochecer para alimentarse, y lo más curioso es que al morir emite un brillo por la boca durante al menos tres horas. Son ovovivíparos, por lo que dan a luz crías vivas. También se le llama «pez taladro» pues los pescadores, antes de ser aceptado por los científicos como real, comentaban que taladraba a sus presas de un

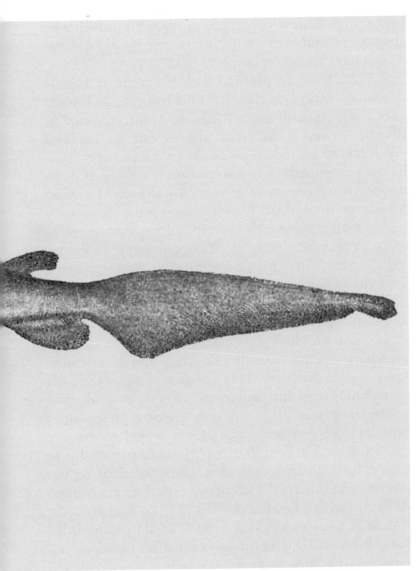

Tenguzame o *Mitsukurina owstoni.*

lado a otro. Se tiene constancia de que su mordedura ha aparecido en submarinos nucleares, pero no hay noticias de que haya atacado al hombre.

A 2228 m de profundidad al sur de la isla de Pascua, un equipo de científicos del Instituto de Investigación del Acuario de la Bahía de Monterrey en California encontró en 2006 una especie de langosta recubierta de un sedoso pelaje. Se creó una nueva familia para clasificarla: *Kiwada,* en honor a Kiwa, la diosa de los crustáceos en la mitología polinesia. La *Kiwa hirsuta* es totalmente blanca, con 15 cm de largo y podría vivir alrededor de los respiraderos hidrotérmicos en las profundidades del Pacífico, que expulsan fluidos tóxicos para la mayoría de los animales. Es omnívora, y se la vio luchando con otras dos langostas por un trozo de camarón, así que se alimenta también de bacterias. Es ciega, quedándole una membrana como único vestigio de los ojos. Desde el siglo XIX no se hacía una descripción para una nueva familia de este grupo de animales. Los estudios genéticos de la apodada «langosta yeti» la emparentan con los *Galateidos,* aunque morfológicamente se parece a los *Aeglidos,* cuyos representantes actuales se encuentran en ríos y lagos de Sudamérica.

En el verano de 2007 las noticias de prensa difundían el hallazgo de dos extrañas especies marinas, aspiradas por una tubería del Laboratorio de Energía Natural de la Autoridad de Hawai (NELHA) en Kailua-Kona, donde el agua es extraída a 3000 m de profundidad hacia la superficie. La primera la llamaron *Octosquid* por parecer una mezcla entre un pulpo y un calamar (*Octosquid* = 'calapulpo'). El cefalópodo, que fue aspirado desde 914 m, medía 30 cm y tenía el cuerpo de un

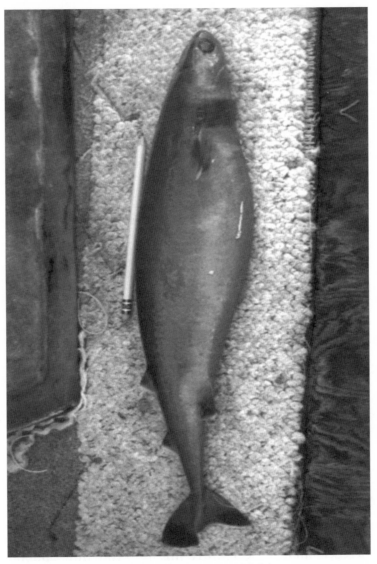

Isistius brasiliensis. Foto: NOAA.

calamar pero con ocho tentáculos como el pulpo. Dos o tres días después de que muriese, el director del laboratorio, Jan War, se dio cuenta de que le faltaban dos tentáculos, perdidos seguramente en la extracción, que le darían más parecido a un calamar. Al parecer, el animal ya estaba identificado en el género *Mastigoteuthis,* una especie de calamar muy antigua. La otra criatura era un pequeño tiburón de unos 30 cm, con un cuerpo translúcido, los ojos verdes y una cabeza plana, así que lo catalogaron dentro de los tiburones gato. Anteriormente la tubería ya había obtenido algunas sorpresas, como un pez con cuerpo de anguila que podría pertenecer a un nuevo género.

En marzo de ese mismo año se capturó en el mar de Bering una gran hembra de *shortraker rockfish (Sebastes borealis)* que medía 112 cm y pesaba 27 kg; pero lo más sorprendente era su edad, entre noventa y ciento quince años, y el conservar en perfecto estado su sistema reproductor, que albergaba embriones en pleno desarrollo. La edad se calculó gracias a los anillos de crecimiento de los huesos de los oídos, teniendo el récord de esta especie un ejemplar de 157 años.

En aguas tropicales del océano Pacífico oriental, pruebas de ADN descubrieron una nueva especie de mero de casi 2 m de largo y casi 500 kg. El nuevo mero, llamado Goliath o *Epinephelus quinquefasciatus,* era confundido con otra especie similar del Atlántico, el *Epinephelus itajara.*

Y los descubrimientos no cesan. Cuando investigadores alemanes de la vida marina acudían a cultivar almejas de gran tamaño, se toparon con una nueva especie gigante de aguas poco profundas, la *Tridacna costata,*

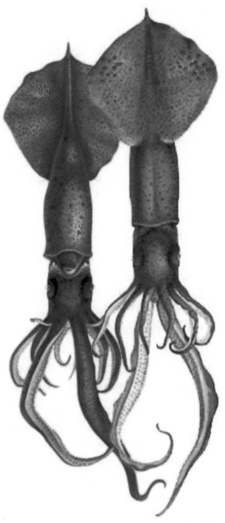

Finalmente, el cefalópodo encontrado en los laboratorios hawaianos pertenecía al género *Mastigoteuthis*.

de 30 cm de longitud. Se halló en el mar Rojo, y hace unos cien mil años suponía el 80% de las almejas de la zona, frente al 1% en la actualidad. En esa época el hombre ya se abastecía de las fuentes de alimentos que producía el mar y, con ello, comenzaría su sobreexplotación.

En la fantástica serie de la BBC *Planeta azul*, se comete un error al asegurar que el anfípodo *pram* o *Phronima sedentaria* (*phronima* spp.), un crustáceo de 25 mm que habita en las grandes profundidades oceánicas, sirvió de inspiración a la criatura de la película *Alien: el octavo pasajero* de Ridley Scott. Según el director británico el diseño del monstruo corrió a cargo del suizo H. R. Giger, que se basó en una litografía suya llamada *Necronom IV*. No obstante, el parecido no deja de ser increíblemente. Pero la naturaleza es caprichosa. Peter Wainwright y Rita Mehta, de la Universidad de California en Davis, hallaron una morena que lanzaba unas mandíbulas internas hacia fuera, aparte de las normales externas de este tipo de peces, para poder sujetar mejor a sus presas, muy similar a como lo hace la criatura de la película.

Aquí en España, a unas 10 millas frente a las costas de Almería en 2007, ecologistas descubrieron una esponja carnívora en una montaña submarina que solo se había localizado en cuevas submarinas de Croacia y Francia. También en años recientes se descubrió un gusano muy huidizo de más de 0,5 m de largo frente a las costas catalanas. El encargado de su estudio es Daniel Martín, director del Centro de Estudios Adelantados de Blanes.

En otras ocasiones no se ha tenido siquiera que introducirse en el mar para observar extraños animales.

Desde hace siglos se han encontrado cadáveres que el océano se encargaba de arrojar sobre las costas de todo el mundo. La mayoría de las veces estos «monstruos marinos» no han sido más que cetáceos en descomposición que ofrecían una imagen más monstruosa de la real, aunque muchas otras correspondían a criaturas verdaderamente extrañas y desconocidas.

Tasmania ha sido uno de los lugares donde más *globsters* han aparecido. En 1960 una especie de vaina apareció en una playa, sin rastros de órganos externos, solo con un orificio. Después de varias investigaciones se llegó a la conclusión de que era una ballena. Pero en fechas venideras aparecieron otros dos extraños cadáveres que no llegaron a ser identificados. El primero tenía unos 5 m de largo y 4 t de peso. El segundo llegaría tres años después a una playa de Newfoundland, con una longitud de 7 m y 6 de ancho, estando cubierto de fino cabello, sin cabeza ni aletas.

En febrero de 1968 en una playa italiana, se encontró un esqueleto de siete metros y un cráneo similar al de un pato. Curiosamente un pescador confesó un tiempo antes haber visto un animal similar sobre las mismas aguas.

En mayo de 1996 al norte de la isla de Langkawi en Malasia, fue encontrado un esqueleto de unos 8 m al que apodaron «dragón de Malasia». Ante el temor de lo que habían encontrado los supersticiosos tripulantes del barco quisieron arrojarlo al mar de nuevo, pero finalmente lo conservaron. Según el criptozoólogo Karl Shuker, poseía dientes y vértebras de mamíferos, pero la cabeza correspondía a un reptil; descartó también la posibilidad de que se tratara de una ballena, pues no

Globster o cadáver animal sin identificar aparecido
en Tarifa en marzo de 2009.

había visto ningún cetáceo que tuviera una boca tan alargada. Muchos medios empezaron a especular que se trataba del cadáver de un dinosaurio de épocas muy recientes hasta que, finalmente, el Dr. Mohammed Azmi Ambak determinaría que pertenecía a una orca.

Tres años después, en el verano de 1999, aparecieron en las playas de Kuwait unos extraños restos de un animal desconocido al que apodaron «monstruo de Fintas o de Kuwait». El descubridor, Mohammad Al Obaid, congeló el material compuesto de un cráneo con una mandíbula sin dientes, una columna vertebral y varios huesos. Después se lo llevó al biólogo de la Universidad de Kuwait, Manaf Behbehan, que descartó que fuera un mamífero marino y abrió la posibilidad de que se tratara de una especie de raya desconocida.

En fechas recientes, otro cadáver en descomposición de unos 7 m fue encontrado por unos pescadores en una isla rusa, el cual, con un color grisáceo, parecía estar recubierto de vello por todo el cuerpo. Como ocurriera con el monstruo Zuiyo Maru en 1977, lo achacaron a un animal marino corriente, en este caso una beluga, que debido a su estado descompuesto y a la forma del cráneo se asemejaba a algunos reptiles marinos de épocas pasadas. Una posterior investigación del biólogo Gustavo Sánchez aclaró y presentó algunas dudas. Lo que parecía vello era en realidad algas marinas adheridas al cadáver. La opción para identificar la criatura que más se acerca es la de la beluga pero, con extrañas anomalías en las cuencas de los ojos y grandes aberturas nasales que se ubican muy atrás, es un cráneo más ancho y corto que el del cetáceo.

Unos restos similares aparecieron en una playa de Zahara de los Atunes, Cádiz, en agosto de 2002. Según los cálculos de su descubridor, Sergio Pérez, el cráneo tendría unos 50 cm de largo y la cuenca ocular entre 15 y 17 cm de diámetro, cráneo al que realizó unas fotos con el móvil. Tras recibir tales imágenes de Sergio, los investigadores David Heylen y Gustavo Sánchez se pusieron manos a la obra para su identificación, enviando las fotos a varios expertos de todo el mundo. El biólogo norteamericano George R. Zug, experto en anfibios y reptiles, fue el primer sorprendido ante las imágenes y declaró que no parecían de un mamífero pues tenía significativas diferencias, aunque sin el cadáver delante era difícil de certificar. Sin embargo, el Dr. Mike Everhart, especialista en reptiles marinos prehistóricos, pese a su semejanza a la de un reptil marino, opinaba que sí pertenecía a la de un mamífero. Estaba claro que sin los restos delante era difícil su identificación.

La lista de estas misteriosas criaturas marinas bien podría ser interminable. No podemos saber qué tipo de fantásticos seres nos aguarda en esos majestuosos e interminables océanos, pero sí es seguro que, para nuestra sorpresa, el mar seguirá mostrándonos a sus habitantes, ya sea expulsándolos a tierra firme o en futuras exploraciones de los abismos.

Raras maravillas asiáticas

.

Japón es un país con cierta tendencia a la exageración, tal sea el caso de Godzilla, un monstruo ficticio llevado a las pantallas por primera vez en 1954, por el productor Toho, en la película *Gojira* (en España *Godzilla: Japón bajo el terror del monstruo*). Este enorme reptil mutante fue una de las referencias más conocidas de la cultura nipona del siglo XIX. Y resulta curioso que, si analizamos la fauna del país, lejos de la fantasía encontramos cuatro gigantes que se encuentran entre los más grandes de sus respectivas especies.

El *Oosuzumebachi* o avispón gigante japonés *(Vespa mandarinia japonicus),* con una longitud de 3 a 5 cm, habita en los bosques de las cuatro islas más grandes y es el insecto más venenoso del país, con un aguijón que mide 0,5 cm. Si no se trata su picadura, la persona puede fallecer a causa del veneno. Alrededor de cuarenta personas mueren al año y la mayoría a causa de una reacción alérgica. Pero su presa favorita es la abeja europea, importada por los apicultores japoneses. Después de que un explorador marque la colonia con una feromona, llega un ejército que realiza la masacre. Un solo avispón puede matar a cuarenta abejas por minuto.

El mayor crustáceo del mundo es el cangrejo gigante japonés *(Macrocheira kaempferi)*, que puede llegar a medir 4 m de longitud y pesar más de 20 kg. Se encuentran a unos 400 m de profundidad y se cree que llegan a vivir más de cien años. Pese a su lentitud y ceguera, poseen unas poderosas y grandes pinzas con las que pueden inyectar pequeñas dosis de anticoagulantes como medida de defensa. Tienen un oído bastante desarrollado y unos pelos sensibles a las ondas de sonido submarino. Para camuflarse adhieren a su cuerpo los restos que encuentran en los fondos marinos. Su dieta se basa en medusas y carroña, que según cuentan los pescadores también se alimentan de los cuerpos de los ahogados.

La *Echizen kurage* o medusa de Nomura *(Stomolophus nomurai)*, alcanza los 2 m y pesa entre 200 y 300 kg. Pertenece al grupo de los Cnidarios (Escifozoos). Pese a no ser mortal para el hombre como otras medusas, sí causan estragos entre los pescadores, rompiendo las redes debido a su gran peso. El gran desarrollo de China en los últimos años ha convertido su costa en un hábitat perfecto para sus larvas, que emigran hacia Corea y Japón. Estas medusas, al destruirse, liberan miles de células reproductivas que se adhieren a cualquier superficie y esperan su desarrollo.

Respecto a enormes medusas, se cuenta que en el siglo XIX apareció un ejemplar de melena de león (otro tipo de Cnidario) de 3,2 m en las costas de Islandia, pero como no se catalogó zoológicamente, la más grande

Una persona se queda pequeña comparada con partes
de un centollo gigante japonés.

registrada hasta el momento, de la misma especie, apareció en la bahía de Massachusetts con unos 2,3 m y unos tentáculos de 33 m.

En agua dulce encontramos la salamandra gigante (*Andrias japonicus*), que puede superar el 1,5 m de longitud y llegar a vivir entre cincuenta y ochenta años. Son cazadoras nocturnas y debido a su escasa vista han desarrollado unos sensores en la cabeza que detectan los cambios de presión en el agua, lo que les permite alimentarse de peces y crustáceos. En la época de apareamiento viajan río arriba, donde el macho fertiliza los huevos y los cuida durante seis meses. Con la eclosión, las crías acumulan grasa hasta que están listas para cazar en grupo.

En 1726 el físico sueco Johan Jakob Scheuchzer identificó un fósil como *Homo diluvii testis* ('Testigo del Gran Diluvio'), pues creía que eran los restos de un hombre que sobrevivió al Diluvio universal. En 1812 Georges Cuvier lo examinó y reconoció como una salamandra gigante, tributando el «Andrias» (imagen del hombre) del nombre científico en honor de Scheuchzer. En China encontramos otra salamandra gigante (*Andrias davidianus*) de similares proporciones bastante escasa hoy en día, y en América del Norte la *Cryptobranchus alleganiensis,* que llega hasta los 70 cm de largo.

Japón también posee criaturas que deambulan entre el mito y la realidad, como la serpiente *Tsuchinoko.* Este legendario reptil mediría entre 30 y 80 cm de largo, poseería unos colmillos venenosos, y tendría una capacidad para saltar a 1 m de distancia y emitir sonidos similares a la voz humana. En 1989 la ciudad de Mikata ofreció una recompensa de 330 m² a quien

Salamandra gigante que se encuentra en Asia.

pudiera capturar un ejemplar. El 6 de junio de 2001 fue capturada en la misma ciudad una extraña serpiente de 1 m de largo y color negro que supuestamente también emitía sonidos por la boca, lo cual fue atribuido al mitológico ser. Se convirtió en todo un acontecimiento, exponiéndose durante un tiempo ante los turistas.

El continente asiático en general posee una rica y espectacular mitología. Según cuenta una leyenda vietnamita, a mediados del siglo XV, el rey Le Loi recibió de los dioses una espada mágica con la que consiguió derrotar y expulsar a los invasores chinos. Un día, el monarca navegaba por el lago cuando una gigantesca tortuga dorada emergió de las profundidades, le arrebató la espada y se sumergió de nuevo para devolvérsela a sus divinos dueños. Desde entonces el lago fue llamado «Ho Hoan Kiem», que significa 'lago de la espada devuelta'.

Toda leyenda suele tener su parte real y en este caso, según indica el biólogo vietnamita Ha Dinh Duc, esta llega hasta nuestros días. En este lago se encuentra la que puede ser la última tortuga gigante de caparazón liso y Duc ha sido el encargado de estudiarla desde 1991, bautizándola como «*Rafetus leloii*» en homenaje al rey de la leyenda. Afirma que pesa unos 200 kg y su caparazón tiene 1,83 m de largo y 1,25 de ancho, aunque desconoce su edad y su género dado que la puede ver completamente fuera del agua en contadas ocasiones, cuando toma el sol en una piedra dentro del lago. Por otra parte el profesor Peter Pritchard, uno de los principales expertos en quelonios, asegura que la tortuga pertenece a la especie *Rafetus swimhoei,* que se podía capturar hasta hace quince años por los pescadores en el cercano río Rojo. «En algún momento, no hace mucho, existían más tortugas en el lago, quizás una docena», manifestaba Pritchard, quien no cree que sea la única superviviente.

Duc sigue firme a su postura y está convencido de que es una especie única, ya que posee un caparazón y garras distintas a las *Rafetus swimhoei,* y se muestra pesimista sobre su futuro. En palabras de Anders Rhodin, codirector del Grupo de Especialistas en Tortugas de la Unión Mundial Conservacionista: «Es un animal muy grande, en peligro increíble, y realmente necesita ayuda, pero no creo que nadie esté dispuesto a tratar de capturar el animal en el lago Hoan Kiem. Me parece que suponen que es sagrado».

El elusivo animal, que ocasionalmente asoma su cabeza arrugada caracterizada por una mancha blanca en el pico, sigue ajeno a lo que puede ser su extinción o a una salvación por parte de los conservacionistas.

En cuanto a la *Rafetus swimhoei,* expertos estadounidenses de un zoo de Cleveland encontraron recientemente el tercer ejemplar del que se tenga constancia, en un lago al oeste de la capital vietnamita. Las otras dos, una hembra y un macho, se encuentran en dos zoos de China. El animal pesa 136 kg y mide aproximadamente 1 m de largo. Según parece, aparte del profesor Pritchard, son más los científicos que opinan que la tortuga de Duc podría ser la cuarta superviviente de la especie *swimhoei.* En 2007 falleció uno de los últimos ejemplares en el templo budista del lago Occidental de Suzhou, del que los monjes aseguraban que tenía unos cuatrocientos años.

Es poco lo que se sabe de esta tortuga, solo que sobrepasa los cien años de edad y que llega hasta los 140 kg de peso. Entre otros nombres es conocida vulgar-

Rafetus swimhoei, toda una rareza a punto de extinguirse.

mente como tortuga de caparazón blando de Shanghai o Yangtsé. La hembra que se encuentra en el zoo chino de Changsha tiene unos 80 años y el macho del otro zoo de Suzhou sobrepasa los 100. Este está lisiado a causa de un combate a muerte que tuvo con otro macho que falleció, ya que suelen ser muy territoriales.

Otra tortuga que ya parecía extinta definitivamente era la tortuga gigante Cantor *(Pelochelys cantorii)*, pues desde el año 2003 no se tenía noticia alguna de ella. Pero, a principios de 2007, fue redescubierta en Camboya, en lo que previamente fue un bastión del Jmer Rojo. El primer ejemplar encontrado fue una hembra que pesaba 11 kg, junto a un lugar de crianza. El biólogo David Emmet comentó: «Creíamos que estaba casi desaparecida, pero hemos encontrado ejemplares suficientes que pueden salvar la especie». Debido a su falta de la placa córnea común en todas las tortugas, para protegerse de los depredadores, esta tortuga de caparazón blando pasa la mayor parte de su vida enterrada en la arena o el fango, dejando al descubierto solo los ojos y la nariz. Posee largas garras y es capaz de extender su cuello a una gran velocidad para morder con sus fuertes mandíbulas. Pueden llegar a medir 2 m y pesar 50 kg.

En 2007, en la isla de Hainan, al sur de Cantón, un campesino encontró en su pueblo natal de Raoping, una tortuga de 70 kg de peso que podría tener más de quinientos años. El método utilizado para saber la edad de los quelonios es contar el número de estrías que dividen su caparazón, equivaliendo cada una a un año. Cuatro años antes se capturó otro ejemplar de otros cinco siglos de edad que, tras escribirle en su caparazón «por favor, no hagan daño a este animal», fue liberado, al igual que hicieron tras una ceremonia con este otro más reciente.

Sin movernos de lugar, en el río Mekong encontramos a uno de los peces de agua dulce más grandes del mundo: el *Pangasiodon gigas*. Este pez gato gigante está desprovisto de escamas, sobrepasa los 3 m de longitud y los 300 kg de peso. Sus grandes ojos están ubicados en la parte inferior de la cabeza, y su cuerpo tiene un color gris azulado. Es herbívoro, carece de dientes, y puede llegar a vivir más de 60 años de edad. El pez, como según parece todo ser vivo de estos parajes, también se encuentra en grave peligro de extinción, debido a su incontrolada pesca y al desarrollo industrial de la zona que provoca la contaminación de las aguas. Los expertos creen que solo sobreviven unos cientos de ejemplares.

En la cuenca occidental del Mekong en Tailandia se descubrió en 2004 una nueva especie de raya de agua dulce, aunque no se confirmó como nueva especie hasta 2006 por dos funcionarios del Fondo Mundial para la

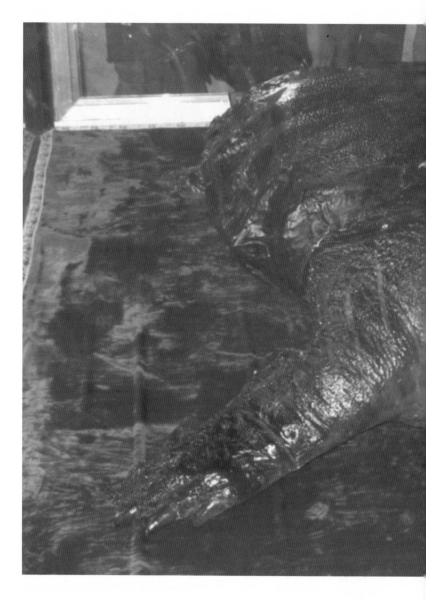

La legendaria *Rafetus swimhoei* disecada.

La misteriosa tortuga de Duc asoma su cabeza ajena
al futuro de la especie. Foto: Haithanh.

Naturaleza, Chavalit Vidthayanon y Tyson Roberts. La *Himantura kittipong* es de la familia de las *Dasyatidae* y mide 60 cm de ancho. Contiene de 12 a 14 hileras de dientes, más que otra especie de raya de agua dulce de Tailandia, y es un pez de un color marrón oscuro. También en 2004 otras dos especies de rayas fueron descubiertas en Sudamérica: la *Dasyatis colarensis* en el río del estado amazónico de Pará, con 2 m de largo por 69 cm de ancho, y la *Dasyatis hypostigma,* de parecidas dimensiones, en el litoral de Río de Janeiro.

La reina de las rayas de agua dulce es la raya látigo *(Himantura chaophraya)* que habita en diversos ríos de Tailandia, entre ellos el Mekong, y alcanza los 2 m de ancho de disco y los 600 kg de peso. A pesar de conocerse su existencia desde hacía muchos años, no fue descrita hasta 1990, ya que se confundía con la *Dasyatis fluviorum ogilby* de Australia, más pequeña, que solo alcanza 1 m de ancho.

En el continente asiático se encuentran tres de los cinco tipos de delfines fluviales. La especie *Platanista gangetica* está dividida en dos subespecies que se localizan en aguas dulces de la India, Bangladés, Nepal y Pakistán, donde están muy amenazadas.

El delfín del Ganges *(Platanista gangetica gangetica)* se encuentra principalmente en las aguas de la India. Es ciego debido a la contaminación del agua, donde continuamente se celebran ritos hindúes en los que arrojan los restos de los fallecidos al agua. Utilizan un método de ecolocación que les permite saber las características y distancia de las presas. El más viejo registrado tenía una edad de veintiocho años y 2 m de longitud.

La otra subespecie *(Platanista gangetica minor)* se encuentra en el río Indo de Pakistán, donde su población es de 1100 ejemplares que están aislados por unos seis diques. Las dos subespecies son prácticamente idénticas físicamente. Hasta los años setenta se pensaba que eran diferentes especies, pero mediante técnicas de secuenciado molecular en 1998 se reconoció la división del *Platanista gangetica* en dos subespecies.

En aguas costeras australianas se catalogó en 2005 una nueva especie de delfín, *Orcaella heinsohni,* llamado «*Snubfin*» por su chata nariz y su marcada aleta dorsal, que presenta tres colores que van del marrón oscuro al blanco. Su reconocimiento de nueva especie también se debió a unos estudios genéticos, ya que se le confundía con los del tipo *Irrawady,* otro tipo de delfín de agua dulce-salobre que habita las mismas aguas y los principales ríos asiáticos. Las diferencias más visibles eran el color, que en este caso es de un grisáceo uniforme, con el vientre blanco, y el tamaño.

El *Lipotes vexillifer* o *baiji* es originario de los ríos y lagos de China, alcanza 2,5 m y pesa unos 100 kg. Con un largo hocico y prácticamente ciego debido a la turbidez de las aguas, este fósil viviente apenas evolucionó desde que dejó el mar. Según una antigua leyenda oriental, este delfín es la reencarnación de una princesa que se ahogó en el río. En los ochenta la población se estimó en unos cuatrocientos ejemplares y en 1997 solo se localizaron trece.

Oficialmente el último había sido visto en 2004, y en consiguientes investigaciones a lo largo del río Yangtsé ninguna expedición consiguió encontrar ninguno vivo. Pero al cabo de unos meses de darse por extin-

Antigua ilustración del delfín del Ganges
(Platanista gangetica gangetica).

guido, en 2007 uno de estos *baijis* fue filmado por el pasajero de un barco. La esperanza de recuperación es mínima pues según los expertos se necesitarían encontrar al menos entre 20 y 25 ejemplares para salvar la especie y eso parece muy difícil, aunque puede ser que más delfines sigan escondidos en algún lugar del Yangtsé. El gobierno quiso actuar pero ya era demasiado tarde, pues tenían la idea de trasladar a una reserva los últimos supervivientes, junto con el último en cautividad llamado *Qi Qi,* que murió en 2002. Las construcciones de presas, como la de las Tres Gargantas, el intenso tráfico de barcos, la pesca incontrolada y la contaminación han sido su sentencia de extinción.

La misma suerte corre el pez espátula del Yangtsé o pez elefante de enorme tamaño, cuyo último ejemplar vivo fue avistado en 2003. En el pasado se pescaban a centenares, y comerlo solo estaba permitido a las familias imperiales. Su verdadero problema vino a principios de los ochenta cuando se construyó la presa de

Otra vieja ilustración, en este caso del delfín del Indo.

Gezhouba, que dividió el río en dos secciones y a su vez la zona de alimentación de la de desove. Para colmo, la presa de las Tres Gargantas ha rematado la faena para este pez, que puede llegar a vivir medio siglo.

El gobierno chino, por decirlo de alguna manera, parece que intenta aprender de sus errores, y para que no ocurra lo mismo que con el esturión gigante, cuyos estudios comenzaron en 1982, ya se cría en cautividad para luego devolver los alevines al río.

Al igual que ocurre con los delfines, en Asia también existen escualos de agua dulce. En el río de Sabah situado al norte de Borneo, se encuentra una rara y pequeña especie de tiburón fluvial que se creía extinto ya que desde el siglo XIX, cuando algunos fueron disecados, no se tenía constancia de haber encontrado nuevos ejemplares, hasta que en 1996 fue redescubierto por una expedición de biólogos. Denominado *Glyphis species B* aún se encuentra en estudio pues es prácticamente desconocido. Y también el Ganges tiene un tiburón de agua dulce *(Glyphis gangeticus)*, aunque igualmente puede encontrarse en las costas y estuarios y otros ríos de Pakistán y la India. Siendo muy poco lo que se sabe de él, llega a medir hasta los 2 m de longitud y, aunque se tiene por una especie peligrosa para el hombre, es una pieza clave en el ecosistema del río Ganges al ayudar a eliminar los cadáveres putrefactos de los hindúes. Seguramente muchos de los ataques atribuidos a esta especie hayan sido producidos por tiburones toros *(Carcharias taurus)*, por la escasez de la especie desde hace tiempo, que se encuentra actualmente en un estado crítico de extinción.

En los últimos años, el biólogo británico Jeremy Wade ha estado estudiando un pez de grandes proporciones llamado «*Goonch*». Este tipo de bagre de casi 2 m y unos 70 kg parece ser que ha desarrollado una actividad necrófaga, alimentándose de los cadáveres que se arrojaban al río Gran Kali en rituales sagrados a lo largo de la frontera de la India y Nepal. Esto parece que le ha proporcionado unas mayores dimensiones de lo normal y, peor aún, un supuesto hábito de atacar a los bañistas. Los lugareños cuentan que en 1988 un joven nepalí de 17 años fue arrastrado y devorado por uno de estos peces. Otros tres meses más tarde ocurriría de nuevo con un chico más joven, y en 2007 otro joven nepalí de 18 años desapareció arrastrado por una especie de «cerdo alargado», según las descripciones de los testigos.

Retornando a las leyendas, si hay un animal clásico por excelencia en la Asia más oriental, ese es el dragón. Hay tanta información y distinta variedad de estos seres, que resulta casi imposible realizar un perfil exacto sobre la legendaria criatura. En Europa el dragón ha sido catalogado como un signo de maldad, siendo la bestia idónea para convertir a un caballero en héroe, tras darle muerte al monstruo. Todo lo contrario ocurre en Asia, donde una leyenda afirma que fue un dragón el que reveló el funcionamiento del Yin y el Yang. El dragón asiático difiere también en el físico del europeo. Es representado originalmente como una serpiente enorme con cuernos, garras de águila, largos bigotes y un espinazo repleto de púas, y aunque la versión asiática no posee alas, puede volar. En este continente los dragones son símbolos de prosperidad y protección, creyendo los budistas que el mar está repleto de ellos. En China, con motivo del nuevo año lunar se hace danzar un dragón para mantener alejado el mal por un año más. Tal es su

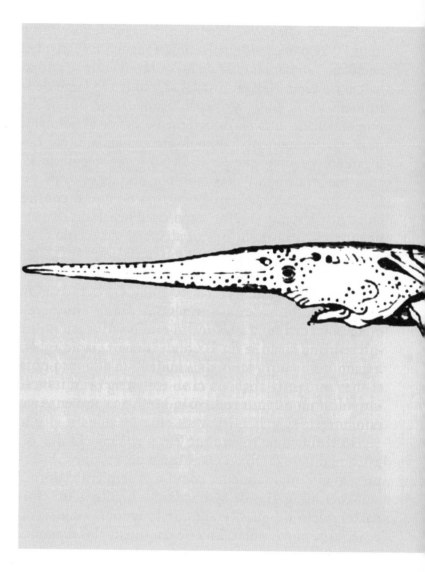

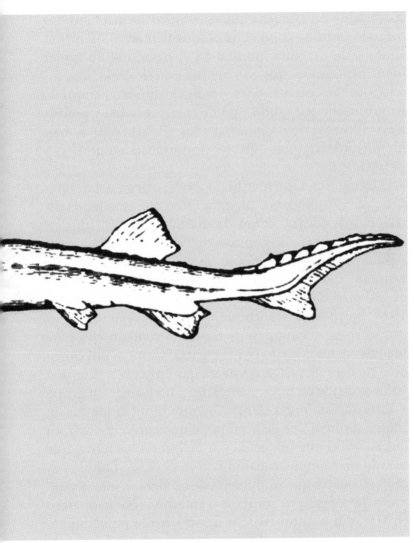

El pez espátula del Yangtsé o pez elefante.

apreciación en este país que es el único animal fabuloso de todo el horóscopo. Los chinos llaman a los fósiles «huesos de dragón», porque en el pasado al no poder identificar esos restos con alguna especie conocida, los relacionaban con dragones. Tradicionalmente siempre se han utilizado para todo tipo de enfermedades, y gracias a estos huesos de dragón hallados en farmacias se han identificado algunas especies importantes como el *Gigantopithecus*.

La explicación científica sobre el origen del dragón tiene varias propuestas. Algunos creen que eran representaciones de fósiles, como de pterodáctilos hallados en China, mientras otros opinan que el origen está en unos reptiles aún existentes en nuestro planeta, los dragones de Komodo. Estos enormes lagartos habitan en diversas islas de Indonesia: Komodo, Rinca, Gili-Motang y Flores. En 1912 Steyn van Hensbroek abatió un ejemplar por primera vez, dejando así de ser una leyenda nativa para finalmente ser descrito por la ciencia. Como reptil carroñero prefiere no malgastar su energía en la caza, aunque a veces se ayude de otros ejemplares para formar un grupo y atacar a una presa. Normalmente la muerden en un ataque sorpresa y se dedican pacientemente a seguirla, ya que su saliva está infectada por peligrosas bacterias, que pasado un tiempo acabarán con la víctima. También es caníbal, puesto que se alimenta de ejemplares más pequeños o de congéneres muertos o enfermos. No hace ascos en atacar al hombre, que si no se atiende rápidamente con el antídoto específico también morirá. Su etapa de caza es la crepuscular, ya que prefiere descansar en las horas de más calor. Muestran una gran capacidad natatoria y a veces se desplazan de una isla a otra.

En 2006 la revista científica *Nature,* de Gran Bretaña, mostraba un artículo en el que científicos británicos habían descubierto que las hembras eran capaces de reproducirse sin la ayuda de machos. Observaron un par de hembras, *Flora* del Zoo de Chester, y *Sungai* del zoo de Londres, que apartadas de los machos habían puesto huevos que, a su vez, habían dado crías sanas. Se trataba de una capacidad reproductora desconocida por la ciencia de estos varanos. Se suele decir que es el lagarto más grande del mundo ya que puede llegar a los 3,5 m de largo, pero según parece el lagarto monitor de Papúa-Nueva Guinea *(Varanus salvadorii)* llega a superar los 3,80 m de largo, siendo muy poco lo que se sabe de él, pues no es una especie estudiada en profundidad. A pesar de todo parece considerarse al dragón de Komodo más grande por ser más pesado.

Una interesante referencia de Marco Polo decía: «En China vivían gigantes lagartos con tres garras en cada pata y enormes fauces armadas de agudos dientes». Es posible que en el pasado los chinos tuvieran en cautividad ejemplares de dragones de Komodo, u otras especies de varanos de menor tamaño, y que aquí comenzara la leyenda del dragón.

OCHO Y DIEZ
ENORMES TENTÁCULOS

Cthulhu es un ser literario inventado por Howard Phillips Lovecraft y es descrito con cuerpo de dragón alado y cabeza y tentáculos de pulpo. Según la leyenda se encuentra aletargado en una ciudad sumergida en las profundidades de algún lugar del océano Pacífico a la espera de que alguno de sus seguidores le invoque y así poder reinar sobre la Tierra. En la película *Surgió del fondo del mar* (*It came from beneath the sea,* 1955), Ray Harryhausen crea un pulpo gigante que según el guión se dirige hacia San Francisco, donde entablará una batalla con militares a fin de destruir la ciudad. En otra película de similar título *It came from the deep*, una mujer es sorprendida y violada en repetidas ocasiones por un pulpo gigante mientras se relajaba en una laguna y en la más que lamentable película *Octaman* (Harry Essex, 1971) un monstruo mitad hombre mitad pulpo aterroriza a una población. Sin embargo, el ataque más célebre de un pulpo gigante es el mencionado por Julio Verne, en su famosa novela *Veinte mil leguas de viaje submarino,* al *Nautilus* del capitán Nemo. En todos estos casos el pulpo es representado como símbolo de la bravía maldad de los mares.

Algunos criptozoólogos creen en la existencia de pulpos gigantes mucho mayores de los que se tienen catalogados, pues el mayor conocido oficialmente es el *Enteroctopus dofleini* de 3 m de longitud y 5 de envergadura, aunque se tienen noticias de que el mayor pulpo registrado medía 9,6 m desde la cabeza a los tentáculos, pesando unos 272 kg. En las islas Bahamas, concretamente cerca de la isla de Andros, hay unos hoyos azules donde los pescadores creen que habita una especie de pulpo gigante al que llaman Lusca, que pesaría toneladas y tendría hasta 20 m de longitud y unos tentáculos peludos. Según los datos recogidos desde el siglo XIX, entre ellos los de Jacques Cousteau, el monstruo podría ser un pulpo de unos 10 m de largo, pero de una especie distinta al *Enteroctopus dofleini,* ya que por lo general estos no alcanzan esas dimensiones, y en los mejores casos no suelen superar los cinco años de vida. Otros científicos opinan que Lusca no es más que una representación de las fuertes corrientes y remolinos que se producen en los hoyos azules. Justo en estos lugares ocurría la escena del pulpo gigante en *20 000 leguas de viaje submarino*, de Julio Verne.

En islas del Pacífico como las de Hawai, también hay testimonios de pulpos gigantes de los años cincuenta, donde poseen una veintena de metros y largos brazos repletos de grandes ventosas. En las Bermudas muchos testimonios hablan de un animal similar. En 1984, John P. Ingham, perdió un par de nasas repletas de cangrejos a 900 m de profundidad. Al poco tiempo un animal de unos 15 m remolcó el barco a varios cientos de metros. Un año después observó un gran pulpo agarrado a una de sus nasas, al que cortó un trozo de materia de 20 kg. En 1988 apareció en la playa de Mangrove Bay una masa de 2,4 m de longitud, la cual se estudió y certificó que no pertenecía a ningún mamífero.

El gran pulpo de todos estos testimonios, denominado *«Octopus giganteus»*, podría tratarse, según el criptozoólogo Michel Raynal, de alguna subespecie del orden de los cirrados. Pero el género *Octopus* pertenece a los incirrados, por lo que Raynal propuso el nombre de *«Otoctopus giganteus»*, o *«Geryonoctopus inghami»* si se tratara de una nueva especie totalmente distinta. Un pulpo desconocido del tipo de los cirrados de 2,5 m de longitud fue filmado en 1984 a 2500 m de profundidad, cerca de una fuente hidrotermal al nordeste del Pacífico.

Aunque no enormes, Japón tiene una colección en sus acuarios de pulpos multitentáculos. En la bahía de Matoya en 1998 fue capturado un espécimen de *Pulpo vulgaris* de noventa y seis tentáculos, con un peso de más de 3 kg y una longitud de 90 cm. Este se exhibe en el Acuario de Shima Marineland, en la ciudad de Shima. El Acuario de Toba posee ejemplares parecidos, siendo el más famoso uno de 85 tentáculos capturado en 1957 en la isla de Toshijima. Este acuario también alberga desde 1950 cinco ejemplares más con números de tentáculos que oscilan entre los 9 y los 56 brazos.

Hay cierta confusión sobre qué especie es la mayor entre los cefalópodos, pero sí es seguro que se trata de un calamar. El *Architeuthis dux* posee centenares de ventosas

Imagen oriental de un pulpo gigante, de Hokusai.

en cada brazo, siendo dos más largos que los demás con los que se alimenta, y unos enormes ojos de 25 cm de diámetro, lo que le permite un sistema de visión excelente. Alcanzan un tamaño desmesurado en muy poco tiempo y suelen ser la comida favorita de los cachalotes que bajan en su búsqueda hasta las profundidades, lo que origina enormes combates. Sin embargo, su carne no es comestible para el hombre ya que contiene una gran disolución de amoniaco que les ayuda a mantenerse a su antojo a distintas profundidades en el mar. Se desconoce gran parte de su ciclo reproductivo y su dieta se basa principalmente en peces y otros calamares.

El 17 de noviembre de 1861 el barco de guerra francés *Alecton* tendría un encuentro con uno de estos calamares gigantes frente a las costas de Tenerife. El enorme animal se desgarró al tratar de ser izado al barco por los tripulantes y solo se conservó la parte trasera que medía 8 m. Se trataba de un *Architeuthis dux*. En 1887 apareció una hembra varada en una playa neozelandesa con una longitud de 18 m y más de 250 kg de peso. En 2004 científicos japoneses obtuvieron 556 fotografías de la especie en su hábitat natural, y dos años después, el 4 de diciembre de 2006, el mismo equipo consiguió filmarlo por primera vez con vida.

El calamar colosal *(Mesonychoteuthis hamiltoni),* con un tamaño que según los cálculos de capturas inferiores oscila entre los 15 y 20 m y pesa hasta 500 kg, fue catalogado en 1925 cuando unos tentáculos fueron encontrados en el estómago de un cachalote. A diferencia del *Architeuthis dux,* el calamar colosal tiene unos tentáculos provistos de ventosas y garfios con un manto más ancho, robusto y pesado. Poseen el pico y los ojos más grandes de todos los animales, siendo las hembras mayores que los machos. Se cree que utilizan su propia luminiscencia para alimentarse de otros cefalópodos, pues son más rápidos y agresivos que los *Architeuthis.* Su hábitat principal es el océano Glacial Antártico, a más de 2000 m de profundidad, donde también luchan por su vida con los cachalotes, en los que dejan sus marcas cicatrizadas sobre la piel. Por las grandes cicatrices que se encuentran en los cachalotes se cree que pueden ser incluso mucho mayores de lo que se piensa. También se tiene noticias de avistamientos de estos moluscos con mayores proporciones de las estimadas.

Del calamar colosal solo se han capturado seis ejemplares. El primer ejemplar intacto fue capturado en abril de 2003 en el mar de Ross, cerca de la Antártida. Era una hembra de 150 kg y una longitud de 6 m, que fue atrapada en una red mientras se alimentaba de merluza negra cerca de la superficie. El espécimen más grande

¿Pueden existir pulpos gigantes de igual tamaño que los enormes calamares de las profundidades? Foto: NOAA/R. N. Lea.

casi intacto fue capturado también cerca de la Antártida en 2007 por un barco neozelandés. Medía 10 m y pesaba unos 450 kg, por lo que a sus captores les llevó casi dos horas subirlo a la embarcación, donde falleció. Lo congelaron y se lo llevaron en buenas condiciones para estudiarlo.

En mayo de 2001 otro calamar de grandes proporciones, pero de una especie desconocida, fue filmado a 3380 m de profundidad por un submarino que realizaba tareas geológicas en la isla de Oahu, Hawái. Tenía un tamaño de 5 m de largo y se especulaba que podía pertenecer a un ejemplar adulto de la familia *Magnapinnidae* de la que solo se conocen ejemplares jóvenes. Pero este calamar ya se había filmado en más ocasiones:

* en septiembre de 1988 frente a las costas de Brasil a 4735 m de profundidad por el submarino *Nautile*;

* en julio de 1992 frente a las costas africanas del Atlántico oriental a una profundidad de entre 2950 y 3010 m.

* en noviembre de 1998 por el submarino japonés *Shinkai 6500* en el océano Índico a 2340 m.

* en enero de 2000 fue filmado un espécimen de 1,5 m de largo a 2195 m de profundidad en el golfo de México.

* en mayo de 2000 de nuevo el *Nautile* lo filmó en el océano Índico a 2576 m de profundidad.

* en octubre de 2000 lo filmó el submarino estadounidense *Alvine* en el golfo de México a 1940 m de profundidad.

No obstante, hasta que no se produzca la captura de algún ejemplar no se podrá nombrar científicamente.

Extraño ejemplar de la familia *Magnapinnidae*. Foto: NOAA.

Descrita en 1931 por el naturalista francés Joubin, la especie *Taningia danae,* de menor tamaño que el *Architeuthis dux* y *Mesonychoteuthis hamiltoni* y que llega a los 170 cm de media, posee los órganos luminiscentes más grandes del reino animal. Un pequeño ejemplar de unos 60 cm fue capturado con vida en Hawai, observándose así por primera vez su increíble luminiscencia. Se le estimuló con una linterna en plena oscuridad y el animal respondía con sus fotóforos. Habita en todos los océanos a más de 100 m de profundidad y los adultos contienen una coloración entre rojo y marrón. Mucho más corto y ancho que las otras grandes especies, durante la fase paralarva pierde dos tentáculos por lo que de adultos presentan solo ocho brazos como los pulpos, y poseen garfios en sus tentáculos para atrapar a sus presas. La hembra desova en diferentes etapas, durante uno o más meses. Se alimenta de peces pelágicos, crustáceos y otros cefalópodos. Sus depredadores incluyen desde peces de gran tamaño, hasta cachalotes y otros mamíferos marinos. Esta especie crece más lentamente pero es más longeva que las especies más grandes. Después de diversos restos encontrados en los estómagos de cachalotes, en la década de los noventa se obtuvo el primer ejemplar completo en nuestro país, concretamente en aguas gallegas, y desde entonces se han encontrado más ejemplares que han sido capturados o han ido apareciendo, sobre todo en aguas asturianas.

Otra especie, la *Kondakovia longimana* o calamar verrugoso, con una longitud de 2,4 m también posee ganchos en vez de ventosas. Realmente es muy poca información la que se tiene de esta especie.

El *Dosidicus gigas* o calamar de Humboldt, descrito por D'Orbigny en 1835, pertenece a la familia *Ommastrephidae* y se distribuye en el océano Pacífico, desde la costa de Oregón hasta Chile. Su larva tiene unos tentáculos fusionados que se van separando según crecen, una característica denominada «*Rhynchoteuthion*». Con una media de 2 m totales en general, aunque en algunos casos pueden llegar a los 4 m, posee un manto muy grueso y anchas aletas. Es muy temido por los pescadores por su ferocidad, ya que se convierte en un caníbal oportunista al aprovecharse de sus compañeros atrapados en los anzuelos. También llamado «diablo rojo», se encuentra a una profundidad de 1200 m, y aparte de un potente pico y una excelente visión, ya que sus ojos no poseen membrana córnea, tiene una habilidad especial para cambiar de color. En 1930 una gran masa de estos calamares bloqueó el puerto de Talcahuano, en Chile. Se sabe muy poco sobre ellos y a veces desaparecen durante años, pero se tiene constancia de que más de una vez han rodeado e intentado arrastrar hasta las profundidades a submarinistas y, según los pescadores, son aficionados a la carne humana. Aunque se les puede encontrar en aguas frías, parece que prefieren las cálidas.

La palabra más común para denominar a estos descomunales moluscos es la de «Kraken», que procede de la mitología escandinava y venía a referirse a un tipo de monstruo que emerge de las profundidades, similar el mítico Leviatán. En 1752 el obispo noruego Erik Pontoppidan comentó que todo el mar alrededor del Kraken se oscurecía por su chorro de tinta que lanzaba a modo de defensa. En su obra *The natural history of Norway* escribió que cuando el enorme monstruo descansaba cerca de la superficie podía ser confundido con una isla. Dos siglos antes Olaus Magnus describió uno de sus peces monstruosos como si de un árbol arrancado de raíz se tratase.

En cuanto a los depredadores del calamar gigante, hasta no hace mucho se creía que el cachalote era el único cetáceo que se alimentaba de él. No obstante, científicos españoles de las Islas Canarias obtuvieron asombrosas fotografías en las que se observaba un calderón tropical o de aleta corta *(Globicephala macrorhynchus)* con un tentáculo de calamar gigante en la boca. Esto indica que los calderones bajan a grandes profundidades en busca de cefalópodos que son incluso más grandes que ellos. Ya que no se habían encontrado picos de loro en sus estómagos como ocurre con los cachalotes, ha sido difícil saber este importante dato de la alimentación de los calderones.

Aquí en España, concretamente en Asturias, se encuentra el caladero de Carrandi, situado entre el cañón de Avilés, en dirección NO-SE, y el de Lastres, situado en dirección opuesta. Con un área de 45 km y una profundidad de entre 400 y 1100 m, aquí es donde se encuentra la mayor concentración de calamares gigantes de toda Europa. En 2002 aparecieron varios cadáveres, entre ellos un *Architeuthis dux* de 6 m que se enganchó a las redes de unos pescadores y otro de la especie *Taningia danae* capturado a 700 m de profundidad, lo que propició el Proyecto Kraken subvencionado por Transglobe Films con el objetivo de filmar los calamares en su hábitat natural. Pese a todos los expertos que intervinieron y el gran equipo utilizado, no se obtuvo el resultado esperado.

La población asturiana de Luarca alberga la colección más importante del mundo sobre calamares gigantes. La exposición posee varias hembras de *Architeuthis* y dos de los ocho machos que se han recogido hasta el día de hoy en aguas atlánticas. Especialmente, uno de estos conserva los espermatóforos en sus brazos. También alberga cuatro ejemplares de *Taningia danae* recogidos en aguas asturianas, uno de ellos es el más pesado de los conservados en todo el mundo. Cabe destacar que el centro ha cedido varios ejemplares a distintos museos de todo el mundo.

Las costas andaluzas también han acogido varios varamientos de *Architeuthis*. En noviembre de 1997 aparecería en Fuengirola, Málaga, un ejemplar de *Architeuthis*. El 26 de junio de 2001 el barco de arrastre *Neptuno* capturó un ejemplar de 7,5 m y 65 kg en las costas malagueñas. El 24 de mayo de 2003 apareció un calamar de 3,5 m de largo entre las playas de los Bateles y Fontanilla, en Conil, Cádiz. El 30 de julio de 2003 se encontró el único ejemplar del que se tiene constancia en aguas del estrecho de Gibraltar en las últimas dos décadas. El SEPRONA (Servicio de protección de la Naturaleza de la Guardia Civil) lo localizó en la playa de El Tejar, en Tarifa, y poseía una longitud de 5,14 m y 45 kg de peso. Se trataba de una hembra que se trasladó en una cámara frigorífica al Instituto Oceanográfico de Málaga, donde fue incluida en una colección de animales marinos de dicho centro.

Algunos biólogos creen que podría haber poblaciones de *Architeuthis* en aguas gaditanas, sobre todo en el estrecho de Gibraltar, lugar de constante paso de cetáceos, entre ellos de su mayor depredador el cachalote, y

Si bien los calderones tropicales se alimentan de calamares gigantes, los calderones comunes también podrían tener el mismo hábito.

de calderones, de los que ya se sabe que la especie tropical se alimenta de calamares. También cabe la hipótesis de que pudieran refugiarse en la zona más profunda del Estrecho, que se forma entre las placas tectónicas africana y euroasiática.

Un francés llamado Olivier de Kersauson, que navegaba con su catamarán *Gerónimo* para dar la vuelta al mundo, contó como un calamar de 10 m rodeó el barco y agarró el timón con sus enormes tentáculos, justo cuando tocaba la guardia de su segundo de a bordo, a su paso por el estrecho de Gibraltar. Todo quedó en una mera anécdota con grandes dudas en su veracidad, más cuando el trofeo por el que luchaba curiosamente se llamaba «Julio Verne».

El amanecer
de los nuevos simios

En el año 2000 en el estado de Florida se realizaron una serie de fotografías a un visitante de aspecto simiesco que aparecía cada noche en el jardín de una vivienda. La insistencia de este parecía estar causada por las manzanas que le dejaban para comer. Al desaparecer el perro del porche trasero una noche, el autor de dichas fotografías decidió enviar de forma anónima una carta junto con las fotos a la policía y los periódicos. Un extracto de la carta decía: «Solía escuchar los ruidos que hacía al recoger las manzanas que le dejaba en el porche trasero; además desprendía un fuerte y terrible olor. Temo que pueda causar un grave accidente si alguien lo atropella en la carretera».

Desde entonces el encargado de la investigación ha sido David Barkasy, quien ha dedicado todo este tiempo a identificar la criatura y a la persona anónima que realizó dichas fotografías. «No es la primera vez que se tiene constancia del Myakka, pues tengo documentados muchos casos, sobre todo en el periodo comprendido entre 1963 y 1968 a lo largo de la costa de Florida. No sé si hay algo realmente, pero cuanto más oigo, más interés me produce el caso», dijo David. El criptozoólogo Loren Coleman también se dedicó al caso de la criatura, de la que el primer informe data de 1947. Aunque consiguió descubrir el laboratorio donde se revelaron las fotos, no logró dar con la persona anónima.

Las historias sobre hombres mono y grandes primates abundan por todo el planeta, desde el antes mencionado Myakka, pasando por los más famosos como el Yeti y Bigfoot, hasta llegar al Yowie australiano. Uno de los casos más discutidos e interesantes sobre misteriosos simios ocurrió en la primera mitad del siglo XX en las selvas venezolanas.

Entre los años 1917 y 1920, François de Loys, geólogo suizo especializado en petróleo, acampaba a orillas del río Catatumbo en Venezuela. De repente vio salir de la selva virgen de Tarra «una pareja de hombres de los bosques de pelo rojizo». Tanto el macho como la hembra se mostraron coléricos. De Loys se dio cuenta al acercarse de que no eran hombres salvajes sino monos de gran tamaño, de una rara especie desconocida hasta entonces. Los monos amenazaban al geólogo y a su equipo con ramas que arrancaban de los árboles, lanzándoles también excrementos. Asustado, De Loys cogió la escopeta y disparó. Más tarde relató: «La hembra cubrió al macho con su cuerpo y cayó a los disparos; el macho escapó desapareciendo entre el follaje de la selva». Acto seguido todos los presentes se aproximaron al cadáver y nadie, ni siquiera los indios que le acompañaban, conocía tal especie. Medía más de 1,5 m de alto, tenía el pelo rojo y un gran parecido al hombre, lo que le llevó a

Reconstrucción del Myakka
a cargo de Manuel Ortiz.

querer conservarlo para la ciencia. De Loys no tenía ni la menor idea de cómo preparar y conservar un mono, pues el cadáver se pudriría si lo llevaban consigo durante meses a lo largo de la selva. Además, no podía dejar de lado su obligación como geólogo. Colocó el cadáver sobre una caja de latas de petróleo y, sosteniéndolo con un palo, lo fotografió.

Luego le cortó la cabeza, la hizo hervir y guardó el cráneo en una caja llena de sal. Más adelante, la tribu de los motilones, que no recibía bien a los buscadores de petróleo, atacó a la expedición y De Loys fue herido por una flecha. La caja que contenía la cabeza se perdió en la contienda.

El geólogo, al terminar su trabajo, regresó a su patria y ya ni se acordaba del encuentro con los monos. Hojeando el álbum que trajo consigo el suizo del viaje, su amigo francés Georges Montandon, que era profesor de Antropología, quedó asombrado con la fotografía del misterioso cadáver. Jamás había visto un ser así, y pensó que debía de tratarse de un antropoide americano a la altura evolutiva de los más grandes simios africanos. Tras una interrogación a De Loys y al conocer bien la historia, en 1929 bautizó al mono con el nombre de «*Ameranthropoides loysi*», 'el antropoide americano de De Loys'. La historia apareció en la prensa y los zoólogos quedaron estupefactos: «¡En Venezuela vivía un gran mono sin cola y de gran parecido al hombre!».

Al poco tiempo la Academia de Ciencias de París celebraba una reunión para discutir toda la historia. Los escépticos opinaban que De Loys cortó la cola del mono y después lo fotografió. También alegaron que, si bien De Loys afirmaba que era una hembra, su región sexual era parecida a la de un macho y esta anomalía solo se encontraba en los monos araña. Estaban en lo cierto, el animal era una hembra de mono araña, pero de una especie desconocida más grande a la habitual según defendió Montandon. El francés exponía historias de anteriores exploradores, como la de Pedro Cieza en el siglo XVI: «Viven aquí grandes monos con los que se unen los indígenas, llevados por el diablo; de semejante mezcla nacen monstruos con cabeza humana y miembros simiescos».

Por último, Montandon añadió: «Si la impresión que produce la fotografía no es una ilusión óptica, no se puede descartar la posibilidad de que este ser represente un homínido primitivo, una especie de réplica del *Pithecanthropus*». Esta opinión más tarde fue expuesta de manera más clara por el zoólogo francés Léonce Joleaud:

> Sin duda, el animal descubierto no es un pariente de los antropomorfos del Viejo Mundo, sino un típico mono del Nuevo Continente y, dicho con mayor exactitud, una especie perteneciente al grupo de los monos araña. Pero parece que, en su estado evolutivo, se halla muy por encima de todos los restantes monos americanos. Si los gibones asiáticos se consideran al nivel de los monos araña, entonces el *Ameranthropoides* se debe hallar al nivel de los *Pithecanthropus,* del hombre-mono de Java.

Al acabar la reunión se le devolvió la fotografía a De Loys, y en mucho tiempo no se volvió a hablar del *Ameranthropoides*.

Pero la historia tenía demasiado misterio para desvanecerse sin más, y desde entonces ha seguido apareciendo en libros y prensa. Un artículo, que fue publicado en el diario *El Universal* de Venezuela en los años sesenta, recibió una carta de parte de un lector, el médico Enrique Tejera. Este es el escrito íntegro que contenía la carta:

Caracas, 19 de julio de 1962

Señor Guillermo José Schael:

A propósito de un mono nuevo encontrado en Venezuela que, por cierto, ya hay bastantes con los conocidos, le diré con motivo de su artículo aparecido en *El Universal* de hoy, en su columna «*Brújula*» que me veo en la necesidad de desengañarlo. Tal mono es un mito. Le contaré su historia. En los primeros meses del año de 1919 encontrábame yo en París y también allí estaba el Dr. Nicomedes Zuloaga Tovar. Una mañana me telefoneó para pedirme que leyera en el diario *Le Temps* la columna «Conferencias». Estaba allí anunciada una para esa tarde cuyo mote era: «Un mono antropoide en Venezuela. El primero que se encuentra en América». El tema no podía ser más interesante, no solo para nosotros sus compatriotas, sino para los sabios especializados en el asunto. En la tarde concurrimos a la Sociedad de Historia Natural de París. El salón estaba lleno. ¡Qué curiosidad había despertado ese nuevo venezolano! El conferencista era el señor Montandon, tildado por sí mismo «Explorador Especializado». Mi sorpresa fue extraordinaria al escucharlo. Siempre había dudado de muchas aseveraciones, pero aquello sobrepasaba lo imaginable. Creo que el público tuvo otra sorpresa. Y fue que en el auditorio se había escuchado una voz pidiendo la palabra. Quizá el tono fue algo brusco, lo confieso. Rogué al Presidente de la Sociedad que pidiera al señor Montandon que exhibiera de nuevo la fotografía del mono objeto de la conferencia. He aquí más o menos lo que dije aquel día: «El señor Montandon nos acaba de decir que el simio este en cuestión fue encontrado en una región ignota de Venezuela, a la que el blanco nunca había llegado. Véase sin embargo en la foto, que el mono está sentado en una caja de un producto americano y por detrás como fondo tiene un platanal. No necesita esto comentarios con respecto a lo ignoto». «Por otra parte, el señor Montandon ha señalado como de sexo masculino el espécimen aquí retratado. ¿No sabe el conferencista que en ese género de monos el sexo femenino es externo? Los que están aquí, y los hay especialistas, saben que esto es verdad». «Pero debo agregar algo más: el señor Montandon ha dicho que el mono no tiene cola. Eso es cierto, pero ha olvidado decir algo, y es que no la tiene porque se la cortaron. Puedo asegurarlo así, señores, porque fue delante de mí que se la amputaron» (movimiento en la sala, etc). Conté entonces: «Quien habla en este momento trabajaba para 1917 en un campo de exploración petrolera en la región de Perijá. Estaba como geólogo el señor François de Loys; como ingeniero el Dr. Martín Tovar Lange. De Loys era un bromista y muchas veces nos reímos de sus bromas. Un día le regalaron un mono. El mono tenía la cola enferma. Hubo de cortársela. De Loys lo llamaba el hombre-mono. Tiempo después De Loys y yo nos encontramos en otra región de Venezuela: en la zona llamada Mene Grande. Siempre andaba con él su mono mocho. Allí en Mene Grande murió el simio. De Loys lo fotografió y es esa y creo que el señor Montandon no lo negará, la fotografía que él ha presentado hoy. Debo decirles, señores, que cualquier ignaro de la región de Perijá haría con seguridad el diagnóstico de ese mono ahí fotografiado. Allá lo llaman «Marimonda». Como ese hay muchos allí. Señores: los naturalistas especializados saben muy bien que los monos antropoides no tienen externa la vagina y que en cambio este género americano, la mona marimonda, sí la tiene así. Además, si al hacer un género y especie nueva de este mono el naturalista ha hecho una buena descripción del simio, seguro habrá descrito el cráneo y bastará compararlo con la especie Marimonda para saber que ese es su verdadero nombre y no uno basado sobre un mito». Creí aquella tarde que aquello había terminado, porque el fin de la conferencia no hay para qué contarlo. Mas últimamente, en un viaje a París mi estupor ha sido grande al visitar el Museo del Hombre. En lo alto de una escalera monumental, llenando la pared del fondo está una inmensa fotografía y debajo puede leerse: «El primer mono antropoide encontrado en América». Es la fotografía de De Loys, pero magníficamente retocada. Ya no se ve el platanal ni se sabe sobre qué caja está sentado el mono. El truco ha sido tan bien aprovechado que dentro de unos años el simio en cuestión tendrá más de 2 m. De una farsa nació un mito, mas después será la leyenda del «monstruoso hombre-mono de las selvas de América». Y digo de América porque les parecerá entonces pequeño decir que es de Venezuela. Mi apreciado amigo Schael: esa es la verdadera historia del mono que ha motivado su artículo. Para terminar debo agregarle: Montandon era mala persona. Después de la guerra fue fusilado porque traicionó a Francia, su patria.

Lo saluda cordialmente su amigo,

Enrique Tejera.

Hoy en día la mayoría de las teorías dan la fotografía como falsa, simplemente un mono araña al que se le cortó la cola. El Museo de Arqueología de Mérida, en México, alberga dos estatuas de piedra que parecen monos antropomorfos. En una descripción se lee: «Les faltan las piernas, pero están en actitud erguida y tienen una altura que excede del 1,5 m. Su aspecto da la sensación de algo simiesco, por tener muy prominentes los arcos de las cejas, el pecho amplio y el dorso encorvado; uno creería hallarse ante representaciones de gorilas». Una de las dos estatuas tiene un órgano masculino bien aparente pero aprieta contra su pecho a una cría, una prueba que podría hablar a favor del *Ameranthropoides*.

Pero al otro lado del Atlántico encontramos verdaderos motivos, incluso para los más escépticos, para creer en esos simios aún desconocidos.

La controvertida imagen del mono de De Loys.

La República Democrática del Congo alberga un misterioso grupo de simios que tiene comportamientos similares a los gorilas, aunque físicamente parecen chimpancés de gran tamaño. El enigma comienza en 1908 cuando un oficial militar belga recogió varios cráneos de gorila en la selva de Bili sobre el río Vele, cerca de la población de Bondo en el Congo. Entregó el material al Royal Museum for Central Africa en Tervuren, Bélgica. En 1927, un encargado del museo, Henri Schoutenden, clasificó los cráneos como una nueva subespecie de gorila, *Gorilla gorilla uellensis*. Intrigado por el nuevo primate, en 1970 el antropólogo Colin Groves examinó los cráneos y observó que eran muy similares a los de los gorilas occidentales, una de las dos especies conocidas.

En 1996 Karl Ammann, un fotógrafo y conservacionista suizo viajó hacia Bondo con la intención de descubrir a los misteriosos simios. Reunió bastante material e información como cráneos, refugios construidos en la tierra, heces, moldes de huellas, pelo, etc., aunque no consiguió dar con ellos. Uno de los cráneos que encontró tenía similitud al de un gorila macho pero del tamaño de un chimpancé. Más tarde tuvo que contratar a un cazador de Camerún, pues con la guerra del Congo la cosa se puso muy difícil para los occidentales. Regresó de la selva de la zona norte de Bili con fotografías e información sobre los simios. Un análisis de los pelos encontrados determinó que pertenecían a un chimpancé. Algunos moldes de huellas indicaban que pertenecían a chimpancés de gran tamaño. Una fotografía de un cazador mostraba el cuerpo de uno de estos simios con 1,80 m de altura.

En 2000 un ayudante le trajo otra fotografía de un chimpancé muy grande que fue cazado cerca de Bondo. Los cazadores de la zona hablaban mucho de este tipo de primates y no diferenciaban entre gorila o chimpancé, sino entre «golpeadores de árboles» o «mataleones».

En 2005 la primatóloga Shelly Williams viajó hacia la región y, acompañada de rastreadores locales, consiguió encontrar una población. Logró estar a unos 4 m de ellos usando varios trucos para atraerlos y consiguió filmar a una hembra y a una cría. Williams comentó: «No tienen aspecto de gorilas ni de chimpancés. Uno de los rastreadores imitó el sonido de un druiker, un pequeño antílope, cuando está herido y vinieron rápidamente con la intención de matarlo».

Hoy en día se sabe que los chimpancés son carnívoros y caníbales. El estudio de un grupo de chimpancés por parte de la primatóloga Jill Pruetz y del antropólogo Paco Bertoloni de las sabanas del sudeste de Senegal reveló que dejaron de vivir en la selva para mudarse a una cueva, donde podían soportar mejor las temperaturas. Pero la mayor sorpresa fue cuando descubrieron que construyen herramientas parecidas a lanzas para pinchar a unos primates nocturnos que duermen dentro de huecos en los árboles, los galagos, del tamaño de una ardilla. Tras introducir las lanzas, las huelen y lamen para comprobar la presencia de sangre.

Karl Ammann determinó que los «mataleones» tienen unos pies 5 cm mayores que los gorilas y su rostro es más plano. A diferencia de los chimpancés hacen refugios en la tierra y aúllan cuando sale y se pone la Luna. Una misionera noruega de ochenta y cuatro años conocida como Madame Liev relató que hacía unos años, mientras conducía un camión, vio a uno de los simios pasar frente a ella, erguido a dos patas y con 1,80 m de altura.

El simio podría tratarse de una nueva especie o un híbrido entre un gorila y un chimpancé, y no sería esta la única sorpresa en cuanto a nuevos simios se refiere. En el sur de Tanzania se descubrió en 2005 una nueva especie: el Mangabeye de montaña *(Lophocebus kipunji)*, en una selva boscosa cercana al volcán Rungwe, de 2961 m de altura, en el Parque Nacional de Kitulo. El *Lophocebus Kipunji* alcanza casi el metro de altura, tiene una larga cola, un pelaje marrón con algunas manchas blancas en el abdomen y la cola. La cara, manos y pies son negros y habita en los árboles. Para dar con la especie, los investigadores tuvieron que adentrarse en lo más profundo de la selva siguiendo sendas dejadas por los elefantes.

A propósito de otros enigmáticos primates en África, el explorador italoamericano Attilio Gatti informó de un tal «Muhalu», que según la tribu de los bambutíes, es un gran antropomorfo que suele andar erguido, de color oscuro, la cara pálida y que habita la selva de Ituri. De los agogue, una supuesta especie de hombres peludos y enanos, de color pardorojizo, que viven en el interior de África, Cuthbert Burgogne contó que en Mozambique observó «dos pequeños semihombres pardos, peludos y de marcha erguida. El capitán Hichens afirmó haber visto pequeños seres pardos y peludos, de unos seis palmos de estatura, que corrían a través de un claro cerca de los bosques de Ussete y Simbiti, en el Tanganica oriental».

De todo el mundo llegan noticias de gigantes homínidos aún
desconocidos. Ilustración de Manuel Ortiz.

Dejando África, a mediados del siglo XIX una supuesta hembra de alma que recibió el nombre de Zana fue capturada en Abjasia, en la región del Cáucaso. Estaba completamente repleta de pelo negro rojizo, con un imponente físico. Zana fue amaestrada por sus captores, y a su vez propietarios, que le enseñaron tareas en la granja donde vivían. Llegó a tener contacto sexual con vecinos de la zona, lo que conllevó que tuviera varios hijos de distintos padres. Su primer hijo murió de frío al bañarse en un río de agua helada, por lo que no desarrolló la facultad de resistencia al frío de su madre. Los demás hijos fueron criados por mujeres de la aldea. Físicamente, no estaban repletos de pelo, parecían normales, aunque sí poseían una enorme fuerza, incluso uno de ellos desarrollaría una gran destreza para tocar el piano. Varios investigadores, entre ellos el más famoso Boris Porshnev, intentaron encontrar la tumba de Zana pero no dieron con ella, aunque Boris sí pudo hablar con dos de los nietos, que mostraban una oscura piel y una mandíbula algo prominente y bastante fuerte. Además de esto, Porshnev pudo desenterrar el cráneo del hijo menor de Zana. Este era diferente del de los demás lugareños, era más grande y presentaban características similares a antiguos cráneos fósiles.

Zana murió en 1890 y su último hijo en 1954. Tanto Bernard Heuvelmans como otros criptozoólogos opinan que Zana, como los demás Almas y Barmanus, superviviente del hombre de *Neanderthal* que ha ido apartándose a zonas inhóspitas a causa de la total expansión por todo el mundo del hombre de *Cro-Magnon*. Los escépticos se decantan por un caso extremo de

Ernst Schäfer en una de sus expediciones.
Foto: Ernst Krause - Bundesarchiv.

hipertricosis y por que todo lo demás fueron leyendas exageradas en torno a la historia.

Parece ser que ninguna cultura escapa a las creencias de tales homínidos. Las ideas del Tercer Reich estaban enfocadas en la creencia de que el mundo era el resultado de la lucha entre el fuego y el hielo. Creían que la raza germana, diferente del resto de la humanidad, provenía del hielo, y si el Tíbet estaba rodeado de hielo, allí podría estar la respuesta al pasado de la raza aria. Así, en 1938 se realizó la primera expedición nazi al Tíbet en busca del eslabón perdido, el Yeti, que según ellos era un fósil viviente de sus antepasados. La expedición, que fue realizada con ayuda de Ernst Schäfer, naturalista y buen conocedor de estos lugares, no pareció tener buenos resultados, pero fue respaldada con una segunda un año después, aunque Hitler dio órdenes de suspenderla con el estallido de la guerra. La degeneración mental de las SS no parecía tener límites. Muchos estudios sobre el origen de la raza aria se trasladaron a los campos de concentración, utilizando a los prisioneros como conejillos de indias. En años siguientes se prepararon más expediciones, pero la caída del Imperio alemán lo impidió.

Desde un gran número de culturas, hasta los primeros europeos que se lanzaron a la exploración de nuevos territorios, son innumerables las leyendas e historias, desde nativos a exploradores y viajeros, sobre grandes hombres mono, y lo cierto es que aún quedan muchos misterios y regiones inexploradas en el mundo para negarnos a creer rotundamente en la existencia de tales criaturas.

LA FIEBRE DEL ORO BLANCO

El marfil es el duro material blanco que forma los dientes o colmillos, característico en grandes mamíferos y que tiende a tornarse amarillento con el paso de los años. Parece ser que el hombre de *Cro-Magnon* fue el primero en tallar el marfil proveniente de los mamuts en las últimas etapas de la Edad de Hielo. A partir de entonces el marfil ha sido tratado por la mayoría de culturas del mundo. También fue el punto de partida para que muchas especies poseedoras de este material estuviesen de por vida destinadas a la extinción. Ha sido empleado para decoración, para teclas de piano, pipas de opio y todo tipo de extravagancias, hasta que, para suerte o desgracia según se mire, apareciera el plástico. En el sudeste asiático se criaban elefantes específicamente para la obtención del marfil.

En Alaska la ley permite a los nativos cazar morsas, de las que aprovechan tanto la piel y la carne como los colmillos. Esto está siendo perjudicial en algunos casos, puesto que los traficantes de marfil contraen matrimonio con las lugareñas con el propósito de aumentar sus arcas. Pero hay otro nuevo problema añadido, ya que los jóvenes nativos están utilizando los colmillos a modo de trueque para conseguir drogas, y para colmo a un cambio ridículo en el que son engañados. Se estima una población de morsas del Pacífico de doscientos mil ejemplares, por lo que no se encuentran en la lista roja de las especies amenazadas. Un ejemplar de esta especie, que se conserva en el Museo Horniman de Londres, llegó a pesar más de 2200 kg y medir más de 9 m. No obstante, la morsa del Atlántico solo cuenta con una población de tan solo quince mil ejemplares. Parece que desde sus antiguas y desorbitadas masacres no ha podido recuperarse aún. En el siglo XIII ya aparecía en la *Historia naturalis* del Conde de Bollstadt con el nombre de «ballena-elefante». La calidad de sus colmillos solo es superada por la de los elefantes.

Otro mamífero que ha sufrido la matanza y persecución a causa de su colmillo es el narval. Su apéndice, que puede llegar a medir los 3 m y pesar 10 kg, solo es característico de los machos. En realidad es el diente derecho, de los dos que posee, el que tiende a desarrollarse. No se sabe a ciencia cierta cuál es la función principal del colmillo. Puede ser utilizado como ecolocalizador para perforar el hielo o como un símbolo de dominación para atraer a las hembras y para combatir con otros machos, pero los últimos estudios indican que puede tener una función sensorial para detectar las condiciones climatológicas. Principalmente su dieta se basa en bacalao, así como calamares, crustáceos y otros tipos de peces.

En la mitología inuit el narval se creó cuando una mujer, que sujetaba un arpón clavado en una beluga, fue

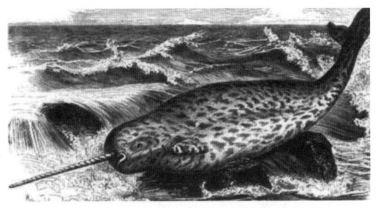

El narval en una ilustración antigua.

arrastrada al mar y retorcida alrededor del cetáceo. El narval ayudó en gran parte a perpetuar la leyenda del unicornio. Fueron los vikingos los encargados de traer los colmillos a Europa y cambiarlos por otros enseres a los habitantes árticos. Con la excusa de que pertenecían a verdaderos unicornios, el precio de los cuernos se desorbitó. En la Edad Media se fabricaron recipientes con el cuerno ya que según se creía todo veneno contenido en él se hacía estéril, así como el cuerno rayado era vendido como una medicina muy eficaz contra todo tipo de males o como afrodisiaco. En Europa y Asia parece que la leyenda del unicornio ya existía antes de que se supiera de la existencia del narval y su cuerno, por lo que el origen del ser mitológico puede estar en los rinocerontes.

Tras la batalla de Poltava de 1709 Carlos XII de Suecia fue derrotado por Pedro el Grande de Rusia, de tal modo que fueron desterrados muchos prisioneros suecos a las zonas de Siberia. Años después, cuando los

Aprus cetaceus, la antigua representación de la morsa en la *Historia animalium* de Konrad Gesner.

prisioneros pudieron volver a su país, un oficial trajo consigo un dibujo de una enorme bestia similar a un toro y con dos enormes cuernos retorcidos en la cabeza, que había sido realizado por un tal Strahlenberg, y afirmó que esos animales existían y que él los había visto más de una vez. Por otra parte, los nativos lo conocían desde antaño y lo llamaban *«mammotowakost»*. Cuando Strahlenberg, habiendo recogido bastante información de nativos, traficantes de pieles y cazadores, volvió a su patria, se declinó por la teoría de que todo el marfil proveniente de Asia provenía de esas criaturas.

Se cree que en los tres últimos siglos (XVIII, XIX y XX) los mongoles han podido traficar con más de cien mil colmillos de mamuts. Durante mucho tiempo llevan recorriendo toda Asia, por lo que conocen muy bien la abundancia de yacimientos, sobre todo en la taiga siberiana.

Los mamuts pertenecen a un género de grandes proboscídeos, que incluyen al menos ocho especies. Estudios genéticos demuestran que están más emparentadas con los elefantes actuales que con otras especies prehistóricas como el *Deinotherium*. En el paleolítico superior (35000-10300 a. de C.) el mamut habitaba en nuestra península, así como en toda Europa, hasta que se fue aislando a los paisajes siberianos, existiendo especies más pequeñas hasta hace unos tres mil seiscientos años. No está claro por qué se extinguieron, algunas explicaciones indican que fue debido a los cazadores primitivos, pero la causa principal reside en varias etapas frías muy duraderas que no les permitían rascar en el suelo con sus colmillos para hallar el alimento vegetal necesario durante el invierno, por una excesiva acumulación de nieve. Una nueva teoría habla de algún tipo de epidemia entre los mamuts.

En 1902, en las orillas del Berezouka en Siberia, se halló un ejemplar tan bien conservado que se pudo deducir la forma de su muerte. Esta le sorprendió mientras se alimentaba de ranúnculos, pisó una delgada capa de hielo y cayó a un barranco, donde tras romperse una pata y la pelvis, se asfixió al moverse en un último aliento que lo enterró de nieve y fango proveniente de los laterales del barranco. En 1977 fue hallada una cría de 6 meses perfectamente conservada y, según parecía, había muerto en las mismas condiciones.

La clonación de un mamut ya no es una idea propia de la ciencia ficción, más aún cuando en mayo de 2007 un pastor halló una cría hembra casi intacta en una zona del río Yuribel, cerca de su desembocadura al mar de Kara. Parece ser que Liuba, llamada así en honor de la mujer del pastor, falleció en un pantano hace más de diez mil años. Según se cree es la cría de mamut mejor conservada hasta la fecha, motivo por el cual científicos japoneses no han tardado en realizarle los pertinentes análisis. En 1998 fueron encontrados otros restos de una cría de cuatro meses llamada Masha que se conservan en el Museo de Historia Zoológica de San Petersburgo.

Pero dejando a un lado la clonación, ¿pueden haber sobrevivido los mamuts hasta nuestros días? La antigua URSS más de una vez realizó expediciones a las casi inexploradas regiones del norte de Siberia con la esperanza de capturar alguno con vida. Crónicas del siglo XVI aseguran que un elefante muy peludo se encontraba en el Reino de Sibir, en Siberia. En ese mismo siglo Ermak Timofeyevich, jefe de una banda de cosacos informó de que él y sus hombres habían visto un elefante lanudo tras cruzar los Urales, y los nativos que le acompañaban no se impre-

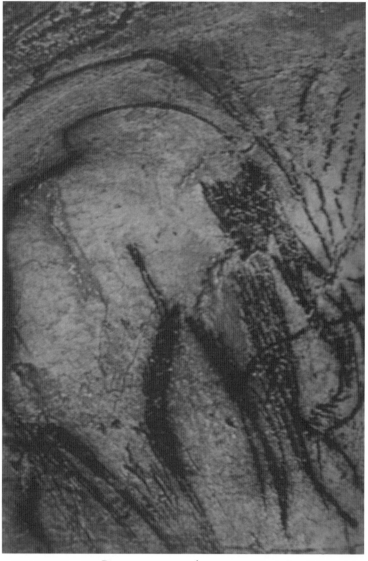

Pintura rupestre de un mamut
en la cueva francesa de Pech-Merle.

sionaron, pues conocían aquel animal y lo llamaban «montaña de carne». En la segunda década del siglo XX la historia de un cazador ruso impresionó a un tal Gallon, diplomático francés. El lugareño le contó que encontró una huella de 60 cm de profundidad que no dudó en seguir. El rastro continuó con bastante estiércol y unas ramas rotas a la entrada del bosque. Días después, siguió de nuevo el rastro y vio que se le unía otro nuevo, por lo que se adentró en el bosque y observó un par de grandes elefantes con unos grandes colmillos blancos curvados y un pelaje castaño oscuro. Gallon no dudó en deducir que lo que había visto el cazador era, sin duda, una pareja de mamuts.

Pero el misterio dentro de los proboscídeos no se queda solo en los mamuts. En 1906 el zoólogo Theodore Noack pudo examinar un elefante pequeño y rojizo que había sido capturado en la República Democrática del Congo. Bautizado con el nombre del país, Congo fue trasladado al zoo del Bronx en Nueva York donde pasó diez años y llegó solo a los 2 m de altura, algo inferior que los elefantes de bosque. Noack lo nombró científicamente como *«Loxodonta africana pumilio»*, seguro de que era una nueva especie. El zoólogo americano Glover M. Allen en 1937 emprendió un estudio a fondo de los elefantes africanos, y expuso que los elefantes pigmeos eran la especie de bosque pero con una evolución raquítica. La mayoría de los científicos sostienen esta misma postura, opinan que estos ejemplares no son más que ejemplares enanos o no desarrollados aún de la especie de bosque, a la que los colmillos les crecen antes que a los de sabana. Las primeras imágenes de estos paquidermos fueron obtenidas por los alemanes Martin

Varios cadáveres de mamuts congelados encontrados
en Siberia abren la esperanza a la clonación.

Eisentraut y Wolfgang Bohme que, sumado a cráneos y testimonios de zoólogos, para ellos fueron pruebas más que suficientes para creer que se trataba de una nueva especie. Por otra parte, los nativos llevan mucho tiempo hablando de una especie de los pantanos del Congo que solo saca fuera del agua la trompa, pudiendo esta ser una de las causas que originó la leyenda del *Mokele Mbembe.*

Una postura similar respecto al enanismo de elefantes se mantuvo con la especie pigmea de Borneo, hasta que hace poco se descubrió que eran descendientes de los de Java, siendo introducidos en la isla hace varios siglos por el sultán Sulu. Se cree que el elefante de Java es una subespecie que se extinguió en la isla cuando los europeos llegaron al sudoeste asiático.

Este descubrimiento dice mucho a favor del elefante pigmeo africano para ser considerado por fin como una nueva especie aparte y no un caso de enanismo.

Las dos únicas especies africanas válidas para la ciencia son la de sabana *(Loxodonta africana)* y la de bosque *(Loxodonta cyclotis).* No obstante el elefante en el que Aníbal cabalgó y utilizó en sus batallas podría ser una especie distinta, dándosele una nueva utilidad más allá del alimento y sus colmillos de marfil. El elefante del Atlas, cartaginés o norteafricano *(Loxodonta africana pharaoensis),* que habitaba la zona del Magreb era de un tamaño similar al de los bosques. Aunque parecían ser más fáciles de amaestrar, parece que solo Cartago fue la única potencia que se encargó de ello, utilizándolos en la guerra. En Sicilia algunos ejemplares quedaron abandonados en el interior de la isla, y tras su conquista los romanos intentaron capturarlos y domesticarlos sin éxito. Los estudios al respecto indican que se extinguirían al poco tiempo de la conquista romana del norte de África, desapareciendo aproximadamente hace unos dos mil años. Científicos austriacos, aprovechando las consecuencias del calentamiento global, están a la espera de que con el deshielo de los glaciares salgan a la luz los elefantes que quedaron por el camino en la cruzada de Aníbal por los Alpes hasta la península itálica.

Si los cartagineses se abastecían del elefante del Atlas, el comercio asiático del Indo abastecía a Persia, Babilonia y Nínive. En Egipto el marfil era transportado desde el Nilo hasta otras ciudades como Tebas, Menfis, Arsinoe, así como a todo el delta. «*Ab*» era el nombre que los egipcios daban al marfil y a los elefantes.

Diversas pinturas rupestres del levante español indican que el elefante vivió también en nuestra península. En el plioceno aparece el elefante descendiente de los mastodontes del género *Anancus* del mioceno superior. Estos elefantes serán los precursores de los mamuts del pleistoceno, así como de los elefantes actuales.

En Honduras, Centroamérica, se encuentra la *Estela B* del Templo de Copán, una obra maya que presenta dos especies de paquidermos que serían dos mastodontes domesticados, debido a la ausencia de elefantes en América Central. Aunque hay muchas conjeturas al respecto por parte de algunos científicos, hay quien piensa que tales representaciones se deben a mastodontes sobrevivientes hasta poco antes de la llegada de los españoles. En 1923 un tal Spillman encontró un esqueleto fósil de un *Haplomastodon waringi* junto a restos de fuegos para cocinar y lanzas de punta de piedra en la aldea ecuatoriana de Alangasi, cerca de Quito. Lo extraño del caso es que en los alrededores también se

Científicos austriacos esperan encontrar algunos de los elefantes
con los que Aníbal cruzó los Alpes, gracias al deshielo
producido por el calentamiento global.

han encontrado piezas cerámicas con ciertas influencias mayas, datadas de la época cristiana, y hay que añadir que la utilización de la cerámica refleja una cultura muy avanzada. Por otra parte, la *Estela B* del Templo de Copán indujo a pensar a algunos arqueólogos que la cultura maya es mucho más antigua de lo que se cree, con tal representación de «mastodontes».

Tal vez no sepamos nunca cuál fue la situación de los proboscídeos en América, pero sí sabemos de la drástica situación de los elefantes actuales. En 2006 se produjo una gran masacre de elefantes en el Chad, con lo que en cuatro décadas el 96% de la población original de este país había sido exterminada. En Angola doce mil elefantes mueren al año a causa del comercio ilegal, pese a que las autoridades del país nieguen continuamente estos datos. Los últimos estudios han asegurado que los Estados Unidos y China poseen el mayor mercado de marfil del mundo, desde que en 1989 se prohibiese el comercio internacionalmente. En 2007 fundaciones conservacionistas de animales presionaron a la famosa web *eBay* para que prohibieran la venta de marfil ya que esta parecía ser la principal vía de compraventa, aunque dicha prohibición no afecta al comercio nacional estadounidense. En este país se permite el mercado de marfil certificado anterior a la entrada en vigor de la prohibición global de CITES. A pesar de todas las restricciones, los cazadores furtivos se las apañan para introducirse en un mercado ilegal bastante extendido. Se calcula que entre septiembre de 2005 y octubre de 2006 fueron recuperados 21 t de marfil ilegal en el mundo.

En Namibia viven los elefantes del desierto, que pueden caminar días sin beber una sola gota de agua.

Thomas Breuer toma esta bella instantánea
de dos elefantes africanos de bosque.

Cuando la situación es crítica son capaces de localizar acuíferos bajo tierra y de cavar para obtenerla, al mismo tiempo que dan de beber a sus crías, a las que con sus cortas trompas les es más difícil alcanzar el agua. Desde que comenzara a penalizarse el comercio de marfil los elefantes empezaron a recuperarse y a regresar a zonas donde antes habitaban. Ahora los expertos han tenido que tomar medidas, pues podrían producirse conflictos con los humanos debido a la escasez de agua. Se les ha adjudicado zonas donde únicamente puedan beber estos maravillosos paquidermos, que a lo largo del tiempo han conseguido adaptarse al medio de una forma increíble.

AVES DESMESURADAS

En la literatura de Tolkien las grandes águilas surgieron del canto de Manwë y Yavana. Habitadas por espíritus, fueron enviadas a la Tierra Media como informadoras y vigilantes de Morgorth. En la Primera Edad participaron en la guerra de la Cólera y se enfrentaron a los enormes dragones alados de Morgorth. En la Segunda Edad eran las únicas aves que podían sobrevolar la cumbre del Meneltarma en la isla de Númenor, llamadas por el pueblo «testigos de Manwë». Sin embargo, la hazaña más conocida es la que realizaron en la Tercera Edad al rescatar a Frodo y Sam una vez destruido el anillo, escena que fue llevada a las pantallas en la tercera parte de *El señor de los anillos*, por el director Peter Jackson.

Pero dejando a un lado el increíble mundo de Tolkien, águilas de enormes proporciones llegaron a existir de verdad. El águila de Haast fue la mayor ave de presa de épocas recientes conocida hasta hoy, llegando a medir 3 m de un ala a otra. Las hembras pesaban entre 10 y 15 kg, y los machos eran menos pesados, entre 9 y 10 kg, razones por las que esta especie ocupaba el primer puesto en la cadena alimenticia de Nueva Zelanda. En la actualidad las más grandes y pesadas son el águila arpía *(Harpia harpyja)* y el águila de Filipinas *(Pithecophaga jefferyi)*.

Julius von Haast fue el encargado de catalogarla, gracias a unos huesos que un tal George Henry Moore encontró en sus terrenos. Retratada en numerosas pinturas rupestres por los maoríes, que la llamaban *«Pouakai»* o *«Hokioi»*, fue cazada hasta provocar su extinción. Su carne era muy apreciada, así como sus huesos para utilizar herramientas.

El gran tamaño de su principal presa explica por una parte el suyo propio, con la ventaja que también tuvo la ausencia de mamíferos depredadores en las islas. Según investigaciones recientes, analizando huesos de dos mil años de antigüedad, la *Harpagornis moorei* estaba emparentada con una de las águilas más pequeñas del mundo, que habita en Australia, Indonesia y Nueva Guinea, con un tamaño de 38 a 48 cm y un peso inferior a 1 kg. Por tanto, ejemplares del águila australiana llegarían a Nueva Zelanda en el pasado, donde rápidamente alcanzarían un enorme tamaño.

El gigantismo insular también se refleja en las mismas islas en especies de pequeño tamaño como el grillo Weta, que hace las veces de roedor, permaneciendo de día oculto en agujeros y saliendo por la noche para alimentarse de vegetación o cadáveres en descomposición. Tienen unas poderosas mandíbulas y los machos son muy agresivos, pues levantan las patas traseras llenas de espinas cuando se sienten amenazados. Están entre los insectos más grandes del mundo, con unos 10 cm de largo, y el más pesado registrado por los entomólogos era una hembra preñada de 71 gr. Ahora estos fósiles vivientes están en peligro de extinción.

Hasta la llegada del hombre, el águila de Haast fue el único depredador que tuvo el moa. Libres de depredadores, las aves no necesitaron utilizar sus alas, que se atrofiaron y desaparecieron en varios casos. El moa era otro tipo de ave gigante, con una altura de 3 m que pesaba más de 250 kg. Se conocen hasta diez especies diferentes, desde la *Eurayapteryx,* del tamaño de una gallina, hasta la más grande, *Dinornis robustus.*

El coronel Porter, buen conocedor de los maoríes, propuso la teoría de que la palabra «moa» no pertenecía al idioma nativo, sino que era de origen británico. A los nativos se les estimulaba para encontrar restos de moa con la frase *«more bones»,* que significa 'más huesos', y mal asimilada por los maoríes se convirtió en *«moa bones»,* llevando a los propios ingleses a llamarla «moa».

Como ocurre con casi todas las especies extinguidas recientemente, los informes de avistamientos llegan hasta nuestros días, comenzando todo en 1823 cuando un cazador de focas afirmó haber encontrado huesos con carne aún adherida. Desde entonces las noticias acerca de esta no han cesado. En 1844 un anciano maorí de 85 años, llamado Haumatangi, dijo haber visto moas vivos cuando era un niño. Otro anciano, Kawana Papai, informó de una cacería en la que había participado en 1790, en el sudeste de la isla septentrional. Las informaciones que proporcionaron los dos guardaban gran similitud. Otro dato curioso es que, en el siglo XIX estallaron dos guerras maoríes cuando se les intentó prohibir el

John Megahan ilustra un ataque del águila de Haast a un moa.

canibalismo, pudiendo este ritual estar relacionado directamente con la extinción del gigantesco ave.

Los avistamientos siguieron produciéndose durante largo tiempo, incluso una carta de Julius von Haast, comentada por el mismísimo Darwin, afirmaba que los avistamientos de moas eran en realidad el kiwi gigante, llamado «*roa-roa*» por los maoríes. Diversos naturalistas explicarían más tarde que en realidad el *roa-roa* no era más que una leyenda maorí de los antiguos kiwis gigantes, y que dudosamente podrían existir hoy en día.

Más lejos, en Madagascar, existió un ave similar hasta hace unos cuatro siglos. El *Aepyornithidae* o ave elefante, era la segunda ave no voladora más grande conocida, después del moa, llegando casi a los 3 m. Sus huevos pesaban casi 12 kg, encontrándose aun hoy en día restos por toda la isla, especialmente en zonas pantanosas donde habitaban. A diferencia del moa esta sí poseía alas, aunque no las utilizara. Conocida por los nativos como «*vouron patra*», parece ser la referencia de aves gigantes de los relatos de Marco Polo y Simbad el Marino, y en 1658 el gobernador francés de Madagascar escribió a propósito de ella en su informe anual. Su extinción parece estar causada más bien por la recolección de los huevos para trofeos, adornos o recipientes, que por la caza directa, a tenor de que eran aves muy torpes e inofensivas. Aunque los últimos ejemplares pudieran haber sobrevivido hasta principios del siglo XVIII, aun hoy en día, como ocurre con el moa, se oyen relatos poco fiables de avistamientos.

Volviendo a las aves voladoras, en 1979 aparecería el fósil de la mayor especie de la que se tiene constancia. Los restos fueron descubiertos en las Salinas Grandes, en la Pampa argentina, por Rosendo Pascual y Eduardo Tonni, su edad oscilaba entre ocho y seis millones de años y se cree que habría coexistido junto al tigre «dientes de sable». El *Argentavis magnificens* llegaba a pesar 100 kg, con una altura de 2 m y la increíble envergadura de 8 m. Emparentada con el cóndor, por su peso y tamaño solo podría planear aprovechando las corrientes que procedían del océano Pacífico. En estudios posteriores se concluyó que ponía un solo huevo cada dos años de alrededor de 1 kg. Al eclosionar este, el polluelo permanecía más de un año en el nido y sus alrededores, de modo que era un animal de pocos ejemplares y longeva vida en un extenso territorio.

Las llamadas «aves del terror» eran una especie carnívora no voladora, perteneciente a las *Phorusrhacidae,* que vivieron en el cenozoico y desaparecieron hace unos dos millones de años. Habitaban en América del Sur y tenían una media de envergadura de 2 m por unos 170 kg de peso. Su gran velocidad, fuerte y enorme pico, además de unas potentes garras, la convertían en un depredador implacable que se afincó en la cima de la cadena trófica de su tiempo. No llegaron a coexistir con el hombre como se creía, y algunos ejemplares emigraron tiempo después hacia el norte del continente. Parece que se alimentaban principalmente de herbívoros del grupo de los *Notoungulados,* así como de armadillos, cuyos restos han sido encontrados entre los fósiles de las aves. Las alas que no les servían para volar sí pudieron ser utilizadas para sujetar a sus presas. Estudios indican que las más jóvenes correrían a la velocidad del guepardo, mientras que las adultas lo harían a la del avestruz y sus fuertes patas serían utilizadas en sus ataques a

Richard Owen con el esqueleto de un moa.

modo de golpes, como hacen los casuarios hoy en día, dejando placados a sus víctimas o adversarios. La especie más grande de la familia se dio a conocer en 2007 mediante el fósil de un cráneo de 71 cm de largo correspondiente al mioceno, hace unos quince millones de años.

Durante el cenozoico, Sudamérica era una gran isla como lo es hoy Australia, lo que permitió la evolución de especies únicas. La especie *Titanis walleri,* de unos 2,5 m de alto y unos 150 kg de peso, consiguió llegar a América del Norte a través del puente de Panamá formado en el plioceno. En América del Norte existió otro ave similar, *Gastornis giganteus,* que vivió hace unos cincuenta millones de años y no guarda parentesco directo con las aves del terror, aunque las dos pudieron tener un comportamiento similar. Restos de *Gastornis* también han sido encontrados en Francia, Alemania y Bélgica.

Las aves del terror recuerdan a un ñandú de la actualidad, aunque sus descendientes conocidos son las chuñas de Sudamérica, que prefieren correr a volar.

Ya en la época moderna se tiene constancia de numerosos casos y avistamientos de aves enormes, que incluso han atacado al hombre, sobre todo en el continente americano. Aunque en el Viejo Mundo aparecería uno de los primeros y más impactantes casos de ataques.

En 1838 una niña de cinco años llamada Marie Delex, que vivía en las montañas suizas, fue raptada por un ave mientras jugaba con sus amigas. Tras una intensa búsqueda y después de dos meses, un pastor encontró su cadáver mutilado sobre una roca.

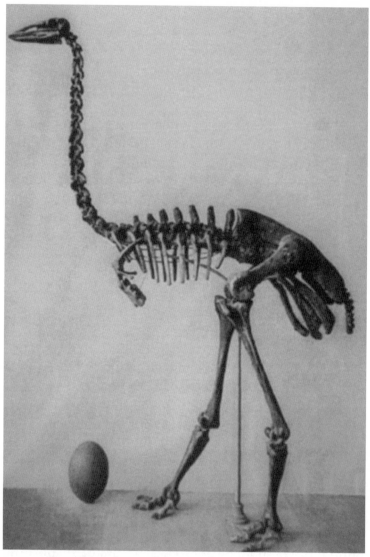

Esqueleto y huevo del ave elefante de Madagascar.

Estos casos tomaron mayor asiduidad en los Estados Unidos, donde los avistamientos han sido numerosos a lo largo de la historia, pero no se empezaron a catalogar hasta finales del siglo XIX.

En Missouri, en 1878, Jemmie Kenney, de 8 años, fue raptado por un ave mientras jugaba en el recreo de un colegio. Su profesor al oír los gritos salió en su ayuda y, tras los disparos al aire y el griterío de los allí presentes, el águila dejó caer al niño desde gran altura, falleciendo en el acto.

En 1895 una niña desapareció misteriosamente cuando iba a casa de unos vecinos. Las huellas en la nieve terminaban en un punto, mezclándose entre sí, como si algo venido desde el cielo se la llevara y la niña intentara escapar dando vueltas sobre sí misma.

Unos días después un cazador fue atacado por una enorme ave que le clavó sus garras en la espalda. Logró sobrevivir gracias a su perro, que atacó al ave en su defensa, pero el cánido murió y fue raptado por esta.

En los años cuarenta destacó una oleada de avistamientos de enormes aves de color oscuro, que seguirían produciéndose en décadas venideras. Uno de los casos más conocidos ocurriría el 25 de julio de 1977 en Illinois. Solo unos días antes a 16 km de allí, dos enormes aves intentaron raptar un cerdo de 30 kg de peso. Marlon Lowe jugaba al escondite en el jardín de su casa cuando de pronto un ave lo atrapó y lo levantó con la intención de raptarlo. Su madre, que se encontraba cerca, vio la terrorífica escena y corrió gritando, lo que obligó al ave a soltar al niño antes de que alcanzara mucha altura. La señora Lowe describió a las aves, pues la agresora estaba acompañada por otra, como muy negras y con dos grandes anillas blancas alrededor de su cuello, con picos curvos y una altura superior a 1,3 m. Luego seis testigos vieron alejarse a las aves hacia los frondosos bosques de Kickapoo Creek. Pero los problemas no acabarían ahí para la familia Lowe, pues fueron objeto constante de burla por parte de los vecinos. El cabello del joven, que era de color rojizo, se volvió gris y tardó en volver a salir a la calle con normalidad. Según los testigos las aves recordaban a los cóndores de California, pero claro, ya por aquel entonces la población de estos era muy escasa, aparte de que eran carroñeros y no podían levantar presas de ese tamaño.

Dos años antes, el 26 de marzo de 1975 en Puerto Rico, Juan Muñiz Feliciano fue atacado por una gran ave de color oscuro y largo cuello.

Uno de los casos más recientes de avistamientos ocurrió en Alaska en 2002, donde la mayoría de los pasajeros pudieron avistar e incluso fotografiar a un enorme ave de una envergadura de 6 m.

En la mitología de los indios de Norteamérica el *Thunderbird,* o ave del trueno, cobra un gran protagonismo. Curiosamente los indios illinois pintaron en el pasado una gran ave que llamaban *«piasa»* en una roca de un río, y cuando pasaban en canoa cerca de esta le disparaban flechas o balas. En los años setenta se restauró la imagen pintándola de nuevo, pues ya estaba casi destruida por la erosión de la roca. Los expertos creen que el *Thunderbird* no es más que la representación de la llegada de las aves justo en épocas de lluvias y tormentas.

En 1890 dos rancheros de Tombstone, Arizona, aseguraron haber matado a un reptil de larga cola y

¿Pudo el cóndor de California estar detrás
del ataque a Marlon Lowe? Foto: Phil Armitage.

¿Es posible que aún sobrevivan antiguos saurios voladores?
Ilustración: Heinrich Harder.

grandes alas, incluso existen fotografías, pero todo resultó ser un timo. Anteriormente, hacia 1850 un periódico francés informaba del descubrimiento de un pterodáctilo en una cueva de Culmont, en Haute Marne, por parte de dos hombres. Según la noticia el animal era descrito como un enorme murciélago de color negruzco, y una envergadura de 3 m entre las alas.

En el continente africano, concretamente en las ciénagas del Jindú de la actual Zambia, se habla del *Kongamato,* que tendría una envergadura de 2 m. Según los nativos tiene un largo pico lleno de dientes y carece de plumas, debiendo su nombre a su costumbre de hacer volcar las barcas de los pescadores. En 1923 el aventurero Frank H. Melland, en la misma zona, recogió bastantes relatos sobre el críptido que todos los nativos identificaban con las imágenes que él les había mostrado de saurios voladores. Años después el periodista J. Word Price, en un viaje a las colonias inglesas africanas cerca de las famosas ciénagas, se topó con un nativo que había sufrido graves heridas en la espalda, según este causadas por un gran pájaro con dientes, que también relacionó con imágenes de los saurios voladores. En 1957 un hombre que ingresó en un hospital con grandes heridas en el pecho afirmó que había sido atacado por una enorme ave en las ciénagas de Bangweulu, al sur de la antigua Rodesia. Incluso retrató un dibujo de nuevo parecido a un saurio volador. No se sabe realmente qué hay detrás del *Kongamato,* algunos piensan que puede ser una cigüeña pico de zapato, aunque no se conozcan casos de que haya atacado a personas.

El enigma de las misteriosas y enormes aves continúa. Hay quien cree que, detrás de esos seres alados gigantes que surcan los cielos, están los antiguos saurios voladores, pero pondremos un poco de lógica y, aunque atractiva, dejaremos esa posibilidad a los más soñadores.

SERPIENTES MARINAS

Desde que los primeros hombres se echaran a la mar, la imaginación y la fantasía quedaría ligada para siempre a su oficio. Dada la inmensidad del océano y todas aquellas criaturas que este albergaba, sumado al estar lejos de casa durante meses y años, todo aquello debía de ser motivo al menos para justificar las historias de regreso a casa, en las que monstruos descomunales de todo tipo habían intentado cobrarse sus vidas. Y es curioso, pero la exageración de los antiguos pescadores sigue vigente hoy en día. Concretamente, recuerdo una tarde de las muchas que me solía acercar al muelle de mi pueblo natal durante la época de pesca de la chova. Entre toda aquella acumulación de personas y cañas de pescar, alguien sacó de repente una increíble barracuda del agua. No podría decir exactamente cuánto medía pero sí recuerdo que era enorme, y sus afilados dientes le daban una impresión aún más feroz si cabe. En el muelle había varios barcos vascos anclados, y uno de sus tripulantes estaba junto a mí observando al pez. Con mi impresión aún latente pregunté entre la multitud si alguien sabía cuánto podía llegar a medir una barracuda: «¿La barracuda? ¡Como tú quieras de grande!» me contestó un pescador vasco que estaba a mi lado. Profundizando en una charla, me aseguró que él había pescado ejemplares de 3 o 4 m, y claro, viendo el que tenía ante mí, no tuve dudas en creerle. Al llegar a casa busqué en internet el tamaño del pez y para mi sorpresa no sobrepasaba el 1,8 m. Y, créanme, esto no es una exageración comparado con las historias que he llegado a escuchar de pescadores acerca de capturas o avistamientos. Aun así, casi todo tenía una base real.

Imagínense a aquellos hombres que veían por primera vez los cetáceos expulsando el aire por su espiráculo. Solo hay que echarle un vistazo a los libros de Gesner u Olaus Magnus, que describen y ofrecen retratos de todas aquellas «bestias marinas», e incluso dibujos basados en animales disecados, que empeoraban mucho más la auténtica imagen de los animales. Hoy sabemos que todas aquellas monstruosas criaturas corresponden a mamíferos marinos como orcas o delfines, que el mítico Kraken es el calamar gigante y que las sirenas de las que hablaban los antiguos navegantes son en realidad manatíes y dugones. ¿Pero a qué animal corresponde la serpiente marina? ¿O acaso existió o existe aún la mítica serpiente de mar?

Olaus Magnus en su *Historia de gentibus septentrionalis* de 1555 la describía como una serpiente de 60 m de largo y 6 de diámetro que solo salía de su cueva en las buenas noches de verano para devorar ganado y todo tipo de crustáceos y cefalópodos. Cuando atacaba algún barco se elevaba fuera del agua y devoraba a sus tripulantes. El 6 de julio de 1734 un misionero noruego observó frente a las costas de Groenlandia un animal serpentiforme bastante grueso y largo que saltaba fuera del agua y volvía a sumergirse sucesivamente. En 1752 Erik Pontoppidan hizo una descripción basándose en una confesión del capitán Lorenz Von Ferry, que tuvo un encuentro con el monstruo seis años antes en la localidad noruega de Molde. Tenía una cabeza gris parecida a la de un caballo, boca y grandes ojos de color negro y una larga melena blanca. Desde hace tiempo se tiene constancia de que habita un tipo de serpiente marina de 9 m al oeste de la isla de Trinidad. En el pasado uno de los mayores temores de los marineros tras un naufragio era ser engullido por una serpiente marina, por lo que se aferraban a la idea de que la única defensa eficaz contra la serpiente de mar era una resina que se obtenía de la planta *Ferula foetida,* que crece en Persia y Afganistán. La resina, de fuerte olor a cebolla y amargo sabor, se espolvoreaba en el agua alrededor del barco y mantenía al reptil alejado, incapaz de acercarse.

En 1848 el escéptico Sir Richard Owen, al que consideraban enemigo de Darwin, realizaría una seria discusión que se reflejaría en el diario británico *The Times* con el capitán Peter M'Quhac, que afirmó haber visto junto a su tripulación una serpiente marina de 18 m desde su *Daedalus.* Los hechos ocurrirían el 6 de agosto del mismo año en aguas del Atlántico sur. El capitán se mantuvo firme en su postura frente a las palabras acusadoras de Owen, que opinaba que lo que en realidad habían visto no era más que un león marino.

En el siglo XIX científicos como Thomas Huxley y *Sir* Joseph Banks, que dio la vuelta al mundo con el

La legendaria serpiente marina según Olaus Magnus.

capitán Cook, se decantaron a favor de la serpiente de mar basándose en que las profundidades marinas estaban aún inexploradas. Hasta no hace mucho este misterioso ser ocupaba los titulares de los periódicos. Sin embargo, la única serpiente marina aceptada por la ciencia no alcanza el tamaño descrito por los marinos. Esta vive en aguas tropicales y pocas veces sobrepasa los 2 m, y aunque posee un potente veneno rara vez ha mordido al hombre. Es capaz de resistir horas bajo el agua absorbiendo el oxígeno del agua a través de la piel.

En el Amazonas también se habla de un tipo de serpiente gigante a la que llaman «*Minhocao*». En 1907 el coronel Henry Fawcett afirmó haber disparado a una anaconda de 18 m que apareció inesperadamente mientras exploraba la cuenca del río Amazonas acompañado de unos nativos. Quince años después un misionero llamado Victor Heinz divisó una serpiente de 24 m de largo tras una crecida del río. Esta gigantesca serpiente que, según algunos expertos creen, podría ser un descendiente de un antepasado extinto hace millones de años, que podía llegar a los 20 m, forma parte desde hace mucho tiempo de la cultura y las leyendas de los nativos.

Varias teorías son las enclavadas a la mítica serpiente de mar, desde visiones de cetáceos nadando en fila, algunas especies de escualos de forma alargada, hasta las más plausibles como el congrio gigante o el *Regalecus glesne,* también llamado «pez cinta» o «remo». Vayamos por partes.

La teoría de los cetáceos nadando en fila india fue propuesta por el científico noruego Peter Ascanius en el siglo XVIII. Esta podría aplicarse a los primeros observadores pero, sinceramente, dudo mucho que una vez conocidos de sobra los cetáceos, una persona acostumbrada a surcar los mares no supiese distinguirlos de un animal serpentiforme, por muy malabaristas que estos fueran formando figuras, y más aun si tenemos en cuenta que los avistamientos se producían hasta fechas no muy lejanas. Aunque también es cierto que de noche todo tiene una visión muy diferente.

Con mayor fuerza teórica encontramos los peces anguiliformes, como la especie *Strophidon sathete* que llega a los 4 m. Es de un color marrón gris con unos dientes pequeños y una boca muy grande que se extiende más allá de los ojos. Se la encuentra en los fangosos fondos marinos, aunque a veces también en los ríos y bahías interiores del mar Rojo y África oriental. Podríamos decir que esta especie se encuentra lejos de los lugares donde se han producido la mayoría de los avistamientos, pero tenemos otro candidato. El congrio gigante *(Conger conger),* que supera los 3 m en el caso de las hembras, habita la parte norte del Atlántico y el Mediterráneo. Tiene una gran boca y unos dientes muy afilados que ofrecen una fuerte mordedura, con un cuerpo compacto y cilíndrico como una serpiente. Muy apreciado comercialmente, permanece cerca de la costa cuando es joven, pero se adentra en aguas más profundas cuando va envejeciendo. De menor tamaño encontramos las morenas, que ofrecen un aspecto muy agresivo ya que suelen tener la boca abierta casi todo el tiempo por la necesidad de bombear agua constantemente, dejando ver sus afilados colmillos. La lamprea marina, que a veces supera 1 m de longitud también podría englobarse entre los candidatos debido a su largo y cilíndrico cuerpo y su vampírica boca en forma de

Regalecus glesne en una ilustración de *Harper's Weekly* del siglo XIX.

ventosa llena de dientes con la que se fija a sus presas vivas para absorberles la sangre. También se sospecha de otras especies como el tiburón anguila *(Chlamydoselachus anguineus)* por su forma serpentiforme aunque rara vez se deja ver ya que vive a profundidades entre los 600 y 1200 m, la aguja imperial *(tylosurus acus imperialis)* que habita en el Atlántico oriental y el Mediterráneo, y el pez pelícano *(Eurypharynx pelecanoides)*. En 2007 se pudo observar un ejemplar moribundo de tiburón anguila en una playa japonesa. El pez pelícano también vive en los abismos, presenta un cuerpo largo como el de las anguilas y una boca similar a la del ave que le da nombre. Alcanza 1 m de largo y tiene al final de la cola un órgano luminoso para atraer a las presas.

Pero el animal más aceptado por los expertos para encarnar el papel del mítico monstruo es el pez remo *(regalecus glesne)*. Llega a medir más de 7 m y posee un cuerpo alargado y plano a la vez que muy frágil. Se le llama el «rey de los arenques», ya que es el más grande

de los peces óseos y suele vivir a una profundidad de 1000 m, principalmente en los fríos mares del Norte. Tiene una boca pequeña y una aleta dorsal de color rojizo que le recorre casi todo el cuerpo. En los últimos años son numerosos los ejemplares que han llegado moribundos a las costas españolas del norte, posiblemente arrastrados por fuertes corrientes de agua fría producidas por el deshielo de los polos debido al calentamiento global. A su vez, también están llegando ejemplares de focas comunes. Siendo la del pez remo la teoría más aceptada, cuesta creer que un pez con un cuerpo tan frágil, que suele despedazarse fácilmente al ser manipulado y que rara vez abandona las profundidades, represente el origen violento de la leyenda de la voraz serpiente marina «que despedazaba barcos y se tragaba a sus tripulantes».

Si hay un caso especial en lo que a serpientes de mar se refiere ese es el de «*Cadborosaurus willsi*» o «Caddy». El biólogo Edward L. Bousfield y Paul H.

El tiburón anguila *(Chlamydoselachus anguineus)*.

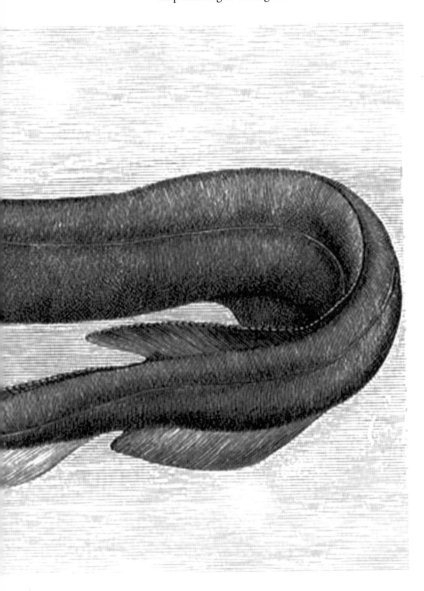

Leblond, profesor de Oceanografía de la Universidad británica de Columbia, han sido los encargados de redactar un minucioso estudio sobre la criatura, asegurando que solo en el siglo XX ha habido por lo menos unos trescientos casos de avistamientos.

Es descrita como una serpiente de entre 5 y 15 m de larga, de los que de 1 a 4 m forman el cuello, con un solo par de aletas anteriores, pero lo más sorprendente es que posee una cabeza de caballo, oveja o camello, adornada de enormes fosas nasales y con unos ojos rojos. Según los testigos, en los casos de los mayores ejemplares se distingue una especie de melena en la parte posterior del cuello. Los estudiosos del caso opinan que Caddy es un carnívoro solitario, con una rápida velocidad en el agua, que nada mediante ondulaciones verticales.

En 1965 Bernard Heuvelmans publicó el libro *La gran serpiente de mar: el dilema zoológico y la solución.* Entre las nuevas criaturas descritas definía el caballo de mar o *Halshippus olaimagni* como un animal oscuro y de largo cuello, con cabello y bigotes en las mejillas y una cabeza similar a la de un caballo con enormes ojos, y que nada con ondulaciones verticales. Los avistamientos del caballo de mar se producían en las aguas frías del Atlántico norte y Pacífico norte. Y no quedaba ahí la cosa, pues un monstruo muy similar a los anteriores es descrito por los nativos del estrecho de Bering.

En 1937, en el pueblo de Naden, Vancouver, unos balleneros se disponían a despedazar una enorme ballena cuando al abrir la zona del estómago surgió un cadáver de unos 7 m de largo, cuerpo serpentiforme, aletas bien definidas y una cabeza similar a la de un equino. Aunque no conservaron el cadáver completo por su mal estado, sí fotografiaron a la criatura, de manera que quedó fuera de toda duda su autenticidad. Pero aquí de nuevo ocurre lo de siempre, todo extraño cuerpo que aparece, los escépticos se encargan de atribuirlo a cetáceos, focas o tiburones en descomposición, por muy definido que quede la criatura en la imagen, como es la cabeza equina en este caso. Para colmo, partes del cadáver que fueron enviadas a dos estaciones biológicas siguen extraviadas hasta el día de hoy. Hay al menos un par de fotografías más de cadáveres atribuidas al *Cadborosaurus willsi*, una de 1936 y otra de 1947.

En cuanto a los avistamientos, la mayoría se produjeron en la isla de Vancouver en lós periodos más fríos. Su leyenda se remonta al antiguo folklore de los indios chinook cientos de años atrás. La primera notificación de avistamiento sucedió en 1933 cuando un abogado y su esposa vieron «una terrible serpiente con cabeza de camello» mientras realizaban un crucero en su yate. En febrero de 1934 dos cazadores que navegaban en su barca dispararon a un pato, este cayó al agua cuando, de repente, un animal largo de 12 m y con cabeza de caballo apareció y se llevó la pieza cazada con él. En 1939 el capitán Paul Sowerby informó:

«Nos encontrábamos al norte de Headin, a 30 millas de la costa, cuando vi esa cosa de pie alrededor del barco. En un principio creí que era un oso polar, pero cuando me acerqué más vi sus enormes ojos que me miraban de arriba a abajo. Su mirada fue lo que más me impresionó». Ese mismo año en el estrecho de Georgia, empleados de una compañía telefónica divisaron una supuesta hembra de Caddy y su cría que emitía sonidos, y en otro avistamiento se pudo observar un

Representación de los hechos ocurridos en 1848 cuando los tripulantes del Daedalus observaron una enorme serpiente marina.

ejemplar cazando focas. En marzo de 1953 la bióloga marina E. Stout observó a otra criatura mientras caminaba por la playa, a la que describió con enorme cabeza de caballo y jorobas. En enero de 1984 el ingeniero Jim Thompson mientras navegaba en su barco cerca de Vancouver avistó a otro animal similar a los anteriores de unos 6 m de largo. En mayo de 1992 un profesor de música mientras nadaba vio un grupo jorobado de animales serpentiformes del que calculó que algunos podían llegar a los 10 m, y dos años después dos chicos vieron un ejemplar de 6 m de largo. Los avistamientos se siguieron produciendo hasta nuestros días.

Cuando se busca una explicación en forma de reptil marino prehistórico (ya que se cree que Caddy es una serpiente marina), esta recae sobre la especie más recurrida para monstruos marinos:

El *Plesiosaurus* vivió en casi todo el planeta, la última variedad se extinguió hace unos 65 millones de años, al final del cretácico. A diferencia del caso del

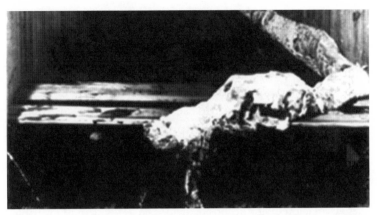

Otro cuerpo atribuido a un *Cadborosaurus willsi,* hallado en 1947.

monstruo del lago Ness, aquí se encontraría en mar abierto y no en una zona limitada de agua conectada con el mar mediante túneles subterráneos pero, no obstante, en unas aguas demasiado frías para un reptil. Tendría que haber evolucionado muchísimo, algo muy poco probable. De todas formas los plesiosaurios respiraban aire, por lo que deberían de haberse divisado fácilmente a lo largo de los años o, por el contrario, explicaría esos largos cuellos fuera del agua.

El basilosaurio es un cetáceo primitivo, concretamente la primera ballena según los registros fósiles encontrados en diversos lugares del mundo. Su cuerpo era aproximadamente delgado con una larga mandíbula repleta de dientes. Poseía unos gruesos huesos en las articulaciones, por lo que se cree que se desplazaba a tierra firme. Sus registros fósiles se detienen hace unos treinta o cuarenta millones de años. Respecto al ictiosaurio, otro de los que se ha hablado también para desenmascarar el enigma, queda descartado, ya que sus fisiologías difieren enormemente.

El candidato que más lógica emanaría sería la vaca marina de Steller *(Hydrodamalis gigas)*, extinguida veintisiete años después de su descubrimiento, concretamente en 1768, cuando se vio con vida al último ejemplar. Su longitud comprendía entre 8 y 10 m, y pesaba entre 4 y 10 t. Emparentada con el dugón, que vive en el océano Índico y Pacífico, era el único sirénido que habitaba en aguas polares y no poseía dientes, en su lugar tenía unas placas córneas para triturar algas, de las que se alimentaba. Durante el pleistoceno su distribución se extendía desde Japón hasta California, quedando por último relegada al estrecho de Bering. Según estudios de la época su población se limitaba a unos dos mil ejemplares, y su manso comportamiento la hacía una presa fácil para los marineros. No obstante, después de 1768, muchos navegantes llegaron a informar de haber visto más ejemplares con vida en diversos lugares del Pacífico norte. En cuanto a la similitud con el *Cadborosaurus willsi* hay un dato muy curioso. Durante el invierno, con la escasez de alimento, consumía su capa de grasa de unos 7 a 10 cm de profundidad, adelgazando notablemente su cuerpo hasta el punto de notársele las costillas. Esto ocurría en las épocas frías, cuando más avistamientos de Caddy se han producido. Aunque sí poseía un par de aletas pectorales, como indican las descripciones del enigmático animal, la vaca marina de Steller no tenía cabeza de ungulado ni un largo cuello. ¿Pudo ocasionar la poca visibilidad y el miedo de los testigos el darle estas características a ejemplares aún supervivientes de la vaca marina de Steller?

Fotografía tomada el 4 de octubre de 1936, supuestamente
de otro cadáver de *Cadborosaurus willsi.*

Puede ser. Pero también resulta raro que en más de trescientos avistamientos de Caddy, las descripciones sean
tan homónimas. Además el cuerpo encontrado en el
estómago de la ballena de 1937 no tiene para nada
semejanza a una vaca marina.

Lo más probable es que nunca sepamos qué se esconde detrás de las serpientes marinas. Caddy mantiene
viva la leyenda, una leyenda que hasta hace algunas
décadas no era extraño que ocupara los titulares de los
periódicos.

CÁNIDOS SALVAJES, GRANDES FELINOS Y OTRAS FIERAS

En 1927 el comerciante de animales Lorenz Hagenbeck adquirió una piel de color pardo oscuro y tupido pelaje de un coleccionista argentino que le aseguró que procedía de los Andes. Diez años más tarde el zoólogo alemán Ingo Krumbiegel, revisando una colección de cráneos de Sudamérica, observó que uno de ellos pertenecía a un cánido de una débil dentadura, procedente seguramente de los Andes. Ignorando la existencia de una extraña piel, lo atribuyó a un lobo de crin, aunque este vive en tierras más bajas. En 1941 Krumbiegel vio la piel de Hagenbeck y dedujo que no podía pertenecer a un lobo de crin, sino a uno adaptado al frío de los Andes por su grueso pelaje. Hagenbeck le comentó al zoólogo que el vendedor dijo haber vendido en Buenos Aires más pieles semejantes. En 1947, al estudiar la piel y el cráneo, se convenció de que pertenecía a una misma especie de cánido salvaje aún desconocido y, dos años más tarde, el lobo de los Andes fue nombrado como *«Dasicyon hagenbecki»*, 'el lobo peludo de Hagenbeck'. Desde entonces no ha habido más indicios sobre la existencia de este lobo, que debió de ser de gran tamaño.

Hasta hace poco se desconocía que hace doce mil años un tipo de lobo bastante agresivo acompañó al mamut en su extinción. Este lobo de Alaska se diferencia de los actuales en el cráneo y los dientes, más grandes y mejor desarrollados para morder más fuertemente la carne. Esto, sumado a análisis químicos de los restos fósiles encontrados, ha demostrado que sus presas iban desde bisontes hasta mamuts, con una actividad también carroñera. Lo más sorprendente es que no guardan relación con los lobos actuales, puesto que se extinguieron sin dejar descendencia. La repoblación de Alaska por lobos provino de las especies estadounidenses de más al sur.

A finales del siglo XIX un granjero de Madison Valley, Montana, abatió un extraño animal que llevaba días atacando a su ganado. El extraño ejemplar fue fotografiado y disecado por un taxidermista, y presentaba una morfología entre una hiena y un lobo. Pero la pieza fue extraviada hacia 1980, hasta que hace poco fue encontrada y recuperada de los inmensos sótanos del Museo de Historia Natural de Pocatello por Jack Kirby, curiosamente por el nieto de aquel hombre que le dio caza. La criatura medía del hocico a la cola unos 1,20 m por unos 70 cm de altura y con una mezcla de marrón y rayas negras, posee características de un lobo común, pero con unas patas traseras más bajas como las de las hienas. Los testigos de la época en que apareció creían que era una hiena que se escapó de un circo o zoo ambulante. Elliot Hutchins, hijo del cazador, hizo unas memorias con el caso, anotando que el

Reconstrucción del lobo de los Andes a cargo de Manuel Ortiz.

animal emitía unos sonidos espeluznantes en la noche, así como que ofrecía una gran ferocidad hasta sus últimos instantes de vida al ser disparado. La bestia se había convertido en una leyenda, apareciendo en diversos libros como *Senderos misteriosos de la naturaleza: La vida de un trabajo en grupo de un naturalista* de 1977, o en *Criptozoología de la A a la Z* de John Colleman, siendo este mismo el encargado de popularizar los nombres de la criatura, «*Ringodokus*» o «*Shunka warrakin*».

En diversas culturas el lobo ha sido enclavado como símbolo maléfico asociado al demonio y las tinieblas. En la mitología nórdica Fenrir era un enorme lobo del que, basándose en una profecía, los dioses se temían que pudiera ser el encargado de la destrucción del mundo, por lo que fue atado con una cadena especial fabricada por enanos mágicos para el resto de su vida.

Aquí en España, el catolicismo ha sido el encargado de perpetuar el mito del malvado ser, hasta el punto de que solo sobreviven poblaciones del lobo ibérico *(Canis lupus signatus)* en la zona noroccidental. Peor suerte han corrido otras especies como el lobo de Japón o *Shamanu* extinguido en 1905, el lobo de las Malvinas en 1876, u otro carnívoro, el famoso lobo marsupial de las antípodas, cuyo último ejemplar murió en 1936 en el Zoo de Hobart, Tasmania. El gobierno australiano pagaba gran cantidad de dinero por cada ejemplar cazado, pues los granjeros se quejaban de los constantes ataques a sus rebaños, así hasta provocar su extinción. Pero recientes estudios han demostrado que estos animales eran incapaces de masacrar y devorar ovejas adultas, cosa que sí podía hacer el dingo, su mayor competidor. Desde su

Australia tardó bastante tiempo en dar por extinto al tilacino, como se muestra en este sello. Foto: Colección Privada.

extinción muchos testimonios afirman haber visto ejemplares aún vivos en diferentes lugares del país.

Aunque en menor grado, también se tienen informes del tigre o gato marsupial de Queensland que, a juicio del investigador Peter Chapple, puede haber sido confundido con el tilacino o lobo marsupial, ya que las semejanzas entre ambos son muchas, a lo que en 1987 Victor Albert propuso que el tigre de Queensland podía ser una variante continental del tilacino con el hocico más corto. Según una descripción de este marsupial carnívoro que data de 1871, estaba «admirablemente listado de negro y amarillo y tenía una cabeza redondeada como de gato» y, en 1926, S. le Soeuf y Harry Burrel lo incluyeron en su libro *The Wild Animals of Australia*.

En varias cuevas australianas hay pinturas con animales rayados parecidos a felinos de gran tamaño, pero diferentes a un tilacino. En 1964 Rilla Martin fotografió a un extraño animal rayado en Western Victoria y en 1975 en los alrededores del río de Margaret se obtuvo otra fotografía del cadáver en descomposición de un mamífero rayado pero con el hocico más corto.

El leopardo manchado fue descubierto recientemente por un equipo de científicos de la Worldwide Fund for Nature (WWF) en las islas de Borneo y Sumatra. En realidad no son auténticos leopardos, pues aunque se asemejan bastante a estos felinos, tienen unas proporciones físicas muy propias, y curiosamente muy parecidas a las de los tilacinos.

En Australia se han encontrado en libertad grandes felinos; prueba de ello son numerosas fotografías y filmaciones, o el caso de una leona abatida en Nueva Gales del Sur en 1985. Seguramente estos animales son soltados por coleccionistas privados o escapan de los circos y zoos australianos. El criptozoólogo australiano Rex Gilroy cree que la mayoría de estos avistamientos son confusiones con verdaderos tilacinos. Si los gatos marsupiales de Queensland o las visiones de grandes felinos son realmente lobos marsupiales eso significa que aún no están extintos, lo que sería una esperanzadora noticia.

Pero donde los informes de avistamientos de grandes felinos en libertad han tomado mucha fuerza en las últimas décadas ha sido en Gran Bretaña. Cada año se recogen bastantes informes de la presencia de «grandes gatos» que incluso llegan a atacar al ganado. ¿Pero qué identidad se esconde detrás de estos felinos? El lince sobrevivía en Inglaterra hasta hace unos cinco mil años y el lobo

El último tilacino o lobo marsupial.

desapareció a mediados del siglo XVIII, asimismo en la actualidad el más conocido es el gato salvaje escocés, que no coincide en tamaño con los informes de los testigos. En los años sesenta y setenta cualquiera podía tener un felino en casa como extravagante símbolo de modernidad, pero en 1976 el gobierno presentó la Ley de Animales Salvajes Peligrosos, por lo que lo más probable es que la mayoría fueran soltados en libertad y se convirtieran en animales esquivos. Dado un número alto de sueltas, cabría la posibilidad de que algunos felinos se encontraran y se hubiesen reproducido, explicando así los avistamientos de madres con cachorros. Los avistamientos no cesan y habitualmente aparecen en la prensa noticias sobre enormes felinos en los campos ingleses.

En terreno sudamericano, concretamente en Ecuador, Angel Morant realizó un estudio sobre supuestos felinos que han escapado a los zoólogos. El *Entsaeia–yawa* o tigre del agua muestra una alta gama de colores: negro, blanco, marrón y rojizo. Algo más grandes y anchos que un jaguar y con los pies palmeados, los indios shuar o jíbaros, antaño reductores de cabezas de sus enemigos, aseguran que son tan agresivos que la tribu evita bañarse sola en los ríos de la zona amazónica de Ecuador. El *Shiashia-yawa* es un felino blanco manchado de menor tamaño que un jaguar. El *Tshenkutshen-yawa* o tigre arcoiris es una suerte de felino negro de tamaño similar al jaguar pero posee rayas de varios colores, negro, blanco, rojo y amarillo, en el pecho, a lo que debe su nombre. Es buen trepador y bastante peligroso. Un habitante de la ciudad de Macas, llamado Policarpio Rivadeneira, parece que mató un ejemplar en 1959 en una montaña cercana al río de Abanico, ejemplar que poseía brazos muy musculosos y una joroba en la parte posterior. Supuestamente el tigre arcoiris habitaría en Trans-Cutucú, sierra de Cutucú y alrededor del volcán de Sangay cercano a Chiguaza.

África, cuna de criaturas misteriosas, acoge la mayor lista de felinos aún desconocidos, descritos principalmente por diferentes tribus y exploradores. La existencia de estos animales podría ser perfectamente posible debido a la gran cantidad de zonas inexploradas del continente.

El *Coje ya menia* o león de agua viviría en África central, y todos los testigos coinciden en que tiene un aspecto también similar al «dientes de sable», con un grueso pelaje en las cortas patas, la piel a rayas y puntos blancos. Se cuenta que se enfrenta a hipopótamos o elefantes y transporta a sus presas bajo el agua, caza de noche y habita en cuevas. En 1910, según aparece en los archivos militares de la República Centroafricana, una de estas criaturas atacó una piragua llevándose consigo a un soldado.

En 1955 Bernard Heuvelmans llamó «*Panthera maculatus*» o «*Panthera leo maculatus*» al león manchado o *Marozi*. Más pequeño que el león común y con una extraña melena en los machos, se le ha visto en las selvas de montaña de países como Kenia, Camerún, Uganda o Etiopía. Una piel atribuida a este felino es conservada en el Museo Natural de Londres, procedente de Kenia de cuando un granjero cazó una pareja en 1931.

El tigre de montaña habitaría en el centro de África, sería más grande que el león, viviría en cuevas y cazaría de noche. Según las descripciones de los indígenas también se asemeja al desaparecido «dientes de sable».

También se habla del *Damasia* o *Ndamathia* que habita en las montañas de Kenia, semejante al leopardo pero más oscuro y grande; del *Nunda* o *Mngwa,* un enorme felino muy peligroso que habita en las selvas de la costa de Tanzania y del que existen varios casos bien documentados de sus ataques; del *Ndalawo, Niarago, Ruturargo* o *Enturargo,* también parecido al leopardo pero con el lomo negro y que vive en las selvas de Uganda; o incluso de felinos más variopintos de color rojo o verde.

La fiera *Nandi* aparece en antiguas canciones guerreras del este de África y, según numerosos relatos de tribus y exploradores de Kenia y Uganda, es parecida a un oso o una hiena, de color negro, rojo o gris, de abundante pelaje y larga cola. Se dice que un europeo consiguió atrapar una de estas fieras en una trampa. Los expertos creen que podría ser algún tipo de hiena de gran tamaño aún desconocida, pero otras descripciones hablan de un simio de tamaño parecido al hombre, por lo que su identificación es muy difícil; dependiendo del lugar o tribu es llamada de distinta manera. En el Museo Británico de Historia Natural se conserva un trozo de piel con pelo largo marrón que algunos atribuyen a esta fiera.

El Field Museum de Chicago expone los cuerpos disecados de otras dos famosas fieras. A finales del siglo XIX los ingleses pretendían construir una vía de ferrocarril entre Mombasa y Kampala; sin duda, un ambicioso proyecto al que se le llamó «el tren lunático». En 1898 el ingeniero John Henry Patterson fue elegido encargado de construir un puente sobre el río Tsavo, en Kenya, contratando a trabajadores hindúes que se llamaban

Uno de los leones cazados por Patterson.

«collies». Pero pronto todo se le complicaría a Patterson cuando dos leones machos empezaron a atacar el campamento cada noche. Muchos trabajadores abandonaron el campamento y otros quedaron trastornados por el pánico que les producía aquella situación. Después de muchos inútiles métodos para atrapar a los leones, por fin el 9 de diciembre el ingeniero consiguió dar muerte a uno de ellos, y al otro tres semanas después. Más tarde Patterson donaría sus pieles y los cráneos al museo anteriormente mencionado.

Lo más enigmático es que los leones, pese a ser machos, carecían de melena. En el libro sobre el caso *Los fantasmas de Tsavo* de Philip Caputo, se exponen diversas teorías sobre estos hechos. Los leones podían pertenecer a una raza propia de las cavernas, sin melena y más grandes, genéticamente distinta a las habituales de sabana. Por otra parte, otras teorías apuntan a que dicha ausencia se debe a que les resulta un estorbo entre la espesura vegetal de su zona de hábitat donde predomina

Ilustración de una pareja de leones del Cabo de 1927.

la especie *Commiphora,* o a una posible adaptación al intenso calor de la zona. También puede deberse a la mayor participación en la caza de los machos, que disponen de menos hembras, por lo que se centrarían más en la supervivencia que en la jerarquía, contrariamente a lo que hacen los de sabana. Otro estudio, por parte de Tom Gnoske y Kerbis Peterhans del Field Museum de Chicago, indica que también puede estar causada en relación a la altura a la que se encuentran los felinos, a menor altura menor densidad de melena y viceversa. La ausencia de melena en los leones machos no es característica solo de Tsavo, sino de más lugares de África.

También resulta raro el comportamiento que ofrecían atacando, devorando hombres y trasladando luego los cadáveres hasta una cueva, pues no suelen tener al hombre como parte de su dieta. Tal vez esta conducta se produjera porque los trabajadores no enterraban a los fallecidos, dejándolos abandonados a merced de los carroñeros, y puede que los leones se acostumbraran al sabor de la carne humana. Por otra parte, Tsavo había sido desde hacía muchos años una ruta muy transcurrida por los traficantes de esclavos, que abandonaban a los fallecidos o enfermos, pudiendo traspasarse el hábito de comer carne humana de generación en generación. Otra teoría expuesta por Caputo dice que los machos de los leones de Tsavo son más imponentes que los normales debido a que la especie más presente es el búfalo cafre o del Cabo, con unos 800 kg de peso, adornado de unos duros y afilados cuernos. Ante tal presa, el cazador puede quedar herido o lisiado, por lo que ven en el hombre y su ganado un bocado más asequible. Patterson en su persecución a los leones encontró y fotografió una cueva llena de huesos humanos, que no fue redescubierta hasta 1997. Finalmente estudios posteriores determinaron que los restos eran de origen funerario, practicado por alguna antigua cultura.

Casi un siglo después, en 1991, otro león sin melena causó la muerte de varias personas en Zambia, hasta que finalmente pudo ser cazado. Fue conocido como el «devorador de hombres de Mfuwe».

Si bien estos leones de Tsavo y Mfuwe atacaban al hombre, parecer ser que en Sudáfrica ocurría lo mismo con el león del Cabo *(Panthera leo maculatus)*. Al llegar los primeros colonos, los leones no distinguían a estos y sus rebaños de sus habituales presas, y en 1652 Jan Van Riebeeck, fundador de Ciudad del Cabo, se vio obligado a construir el Castillo de Buena Esperanza como defensa de estos depredadores. Al tomar los ingleses la colonia holandesa a principios del siglo XIX, encontraron en esta situación la excusa perfecta para cazarlo indiscriminadamente y así, en 1865, el último ejemplar vivo del que se tiene constancia fue abatido en Natal, por un general llamado Bisset. Era el tipo de león más grande de la zona sudafricana llegando a pesar unos 250 kg los machos, que estaban adornados con una densa y negruzca melena como la subespecie asiática y el león del Atlas, pero sobre todo de mayor parecido a esta última también desaparecida.

El león del Atlas *(Panthera leo leo)* se dio por extinto en 1922, aunque se cree que ejemplares cruzados se encuentran en diversos zoos de todo el mundo (teoría que también se expone con el león del Cabo). Era el más grande de los leones actuales con una longitud de 2,70 m en las hembras y 3,20 en los machos, que también poseen una grande y espesa melena negra que le llega hasta los costados. Seguramente encontremos aquí el origen del apodo de «el rey de la selva», pues era habitual de los bosques del norte de África. Fueron los romanos los que popularizaron al león del Atlas, importando ejemplares para sus violentos espectáculos en los circos. Con la población casi diezmada y recluida a escasas zonas de Marruecos debido a su habitual caza, en 1922 la casa real de Marruecos recolectó ejemplares para el Zoológico de Tenara y sus descendientes fueron cedidos al Zoológico de Rabat en 1975.

En las últimas décadas se ha intentado una selección de los ejemplares más puros posibles para una reintroducción en su hábitat original y ahora, con la aparición de cráneos en una fosa de la Torre de Londres, se abren nuevas esperanzas y toma mayor fuerza la hipótesis de la supervivencia de descendientes en los zoos, y la posibilidad de comparar los cráneos.

Dejando a un lado los felinos, una fotografía muy extendida por internet mostraba un enorme cerdo silvestre llamado *Hogzilla*, colgado de una máquina junto a un hombre, supuestamente su cazador. La historia comenzó el 17 de junio de 2004 en Alapaha, Georgia, cuando Chris Griffin se encontró cara a cara con una enorme bestia a la que no dudó en disparar. Sacó la fotografía y el propietario de la finca donde fue cazado, Ken Holyoak, enterró el cuerpo en un lugar y la cabeza en otro más secreto por miedo a que la robasen. Los testigos aseguraban que el animal rozaba los 4 m y unos 450 kg. En 2005, ante la repercusión que había tomado la historia, un equipo de National Geographic se decidió a investigar; comenzó por exhumar el cadáver, a lo que

¿Puede haber más enormes jabalíes como *Hogzilla* sueltos por el resto del mundo? Foto: Richard Bartz.

el propietario de la finca no se opuso y los llevó hasta el lugar donde había enterrado el cuerpo y la cabeza. Era cierto, aquel animal estaba allí enterrado y las mediciones mostraban unos 2,4 m de largo y unos 360 kg de peso. Las pruebas de ADN mostraron que se trataba del híbrido de un jabalí y un cerdo doméstico que se habría escapado de alguna granja. Los increíbles colmillos sobrepasaban los 40 cm. Aunque la fotografía parecía haber sido retocada y las mediciones no eran las comentadas por Ken Holyoak y Chris Griffin, seguía teniendo unas dimensiones desorbitadas para un cerdo salvaje normal. No obstante, Ken alegaría que un cuerpo tras ser enterrado y pasar el tiempo tiende a encogerse al perder los fluidos, algo que según los científicos ya habían tenido en cuenta.

Tres años después otra noticia aparecía por la red con una fotografía de un chico de once años llamado Jamison Stone junto a otro cerdo enorme que él mismo se había encargado de abatir, una bestia de al menos 500 kg, mayor aun que la de Georgia. Según el protagonista, por miedo a que él o su padre fueran atacados, disparó sin dudarlo ocho veces al monstruo que empezó a correr despavorido hasta fallecer. El niño de Alabama fue invitado a participar en la realización de una película referente a los dos monstruos titulada *The legend of Hogzilla.*

El mar tampoco está ausente de peligrosas fieras. El leopardo marino *(Hydrurga leptonyx)* habita en la Antártida y en lugares próximos al continente helado. Con una población estimada entre los doscientos mil y cutrocientos mil ejemplares, las hembras llegan a medir casi 4 m y los machos más pequeños 3,5 m. Su cabeza, provista de unos dientes de 2,5 cm, recuerda por momentos a la de un prehistórico reptil, y su ferocidad tal vez pudo alimentar las leyendas de monstruos en esta zona. Son tremendamente agresivos y se alimentan de peces, calamares, otros mamíferos y sobre todo de pingüinos. El 24 de julio de 2003 la bióloga británica Kirsty Brown de 28 años falleció tras ser atacada en Rothera, Antártida, mientras buceaba sin oxígeno suplementario. Durante el violento ataque el leopardo marino la arrastró repetidas veces bajo el agua ante la impotencia de sus compañeros que, pese al intento de rescatarla, no pudieron reanimarla. La autopsia reveló que le había agarrado la cabeza y la había tenido sumergida unos seis minutos a 70 m de profundidad, de modo que murió por ahogamiento. A pesar de que la única muerte conocida haya sido la de Kirsty, se tiene constancia de más casos de agresión a los humanos, como el de los hombres de la expedición de Shackleton (1908-1909), que también fueron atacados por estos desconocidos y solitarios cazadores.

Lejos de la vida salvaje, en nuestras ciudades, encontramos otro tipo de temido mamífero que según parece ha dejado la leyenda para convertirse en una realidad en forma de agresivos y grandes roedores. Junto con los arácnidos e insectos, las ratas son los animales que más estupor y fobias provocan al hombre. Su fama de sucia y transmisora de enfermedades está más que justificada en las ciudades, además de que su rápida reproducción y expansión llega a ser un verdadero problema.

Hace tiempo que se vienen contando historias y escuchando noticias de la ferocidad de estos roedores, y sobre todo del gran tamaño que pueden alcanzar algunos

En los últimos años están llegando bastantes testimonios sobre ratas de enormes tamaños. Foto: NPS.

ejemplares. La rata negra puede sobrepasar los 20 cm y la parda pesa casi 0,5 kg.

En la ciudad italiana de Baricella, en las dos últimas décadas se han recogido testimonios de grandes y enormes ratas, a veces bastante exagerados, como de testigos que afirman haber visto ejemplares de más de 1,5 m, tamaño que se achaca a mutaciones producidas por la gran contaminación del subsuelo.

En 1995 dos soldados cazaron en Pekín una rata de más de 3 kg de peso. En Israel militares que actúan en Hebrón, al sur de Cisjordania, estaban siendo atacados en los últimos años por gigantescas y feroces ratas que proliferan entre la acumulación de desperdicios; según los diarios locales, tres soldados fueron mordidos, dos en la oreja y uno en los labios, por estas ratas mientras dormían en sus respectivos campamentos.

En Irán se produjeron más casos de ratas gigantes agresivas, ejemplares con más de 18 kg de peso estaban matando y alimentándose de gatos. Se produce así un misterioso cambio de hábitos de las ratas comedoras de cañas que se encuentran en África occidental, pues como su nombre indica son vegetarianas.

Otra noticia más asombrosa aún llegaba de Alemania, donde la policía tuvo que matar a tiros a una rata «del tamaño de un perro» que había atacado a una persona. La feroz rata de 0,5 m se abalanzó sobre su víctima, que pudo defenderse con una tabla y correr al interior de su hogar, donde llamó a la policía.

En los últimos años en África se está experimentando con ratas de la familia *Cricetomys gambianus,* que aunque son grandes y llegan a pesar 1,5 kg, son domesticables. El fin de estos experimentos es detectar minas mediante el estímulo con comida. Se reproducen rápidamente, no comen mucho y viven hasta ocho años. Son nocturnas por lo que se guían con el olfato, siendo así sensibles al TNT que contienen las minas terrestres. Este tipo de ratas se exportan a los Estados Unidos como mascotas.

Recientemente se ha descubierto en Indonesia una nueva especie de rata que pesa 2 kg y no teme al hombre, junto con un nuevo tipo de zarigüeya pigmea.

Aunque no se puede saber qué hay de cierto y falso en las anteriores historias, un servidor ha sido testigo de la ferocidad de las ratas cuando están en peligro, e incluso de haber visto como varios de estos roedores se alimentaban de gatos muertos o raptaban a las crías de los felinos para devorarlas, por lo que lo más sorprendente es el increíble tamaño que pueden estar alcanzando.

LAS HUELLAS DEL PASADO

Corría el año 1822 y por aquel entonces ni se sabía de la existencia de grandes reptiles en el pasado. María Mantell, esposa de Gideon Mantell, encontró un diente en Sussex, Inglaterra. Ardua tarea para Gideon fue la de clasificar el fósil, pues no se correspondía con ningún animal conocido, hasta que recaló en la iguana actual. Comparando los dientes se percató de las similitudes, y en 1825 publicó el hallazgo como «*Iguanodon*» ('diente de iguana'). Años más tarde recibió un esqueleto casi completo que le proporcionó más información y, aunque no toda la necesaria, se dispuso entonces a realizar un retrato robot de la desconocida criatura. En la reconstrucción de los restos se encontró un hueso en forma de cuerno que fue situado en el hocico, cuando en realidad ese cuerno era un espolón de la mano. Richard Owen, más experto en la materia que Gideon, retrató de nuevo al animal de forma distinta, pero con el mismo fallo del cuerno también presente.

Uno de los primeros retratos del *Iguanodon*
por Samuel Griswold Goodrich.

Tuvo que llegar el año 1878 para que se conociese la más duradera imagen del *Iguanodon*. En una mina de carbón en Bernissart, Bélgica, se hallaron gran cantidad de esqueletos en muy buen estado de conservación. Luis Dollo fue el paleontólogo encargado de organizar la excavación, extraerlos y montarlos para el Museo de Historia Natural de Bruselas. Se corrigió el error del cuerno y adquirió una imagen bípeda, con una larga cola que arrastraba por el suelo. Pero la definitiva y última visión del *Iguanodon* llegó en la década de los ochenta del pasado siglo, cuando David Norman examinó de nuevo al reptil. Dedujo que la mayor parte del tiempo andaba sobre las cuatro patas, basándose en que su cola dirigida hacia arriba le hacía inclinarse hacia delante. También descubrió que sus manos estaban evolucionadas para caminar, así como sus fuertes muñecas para soportar su peso. Por último, tenía un hueso especial en el pecho para fortalecer el tórax al caminar sobre cuatro patas. Y esta es por fin la actual imagen del *Iguanodon* hoy en día.

Y mucho antes del *Iguanodon*, los antepasados de lo que hoy conocemos como artrópodos ya hacían sus pinitos sobre la tierra.

A finales de 2005 un equipo de geólogos dirigido por el paleontólogo Martin Whyte, de la Universidad Británica de Sheffield, descubrió en Escocia las huellas fosilizadas del *Hibbertopterus,* un gigante escorpión marino. El fósil en cuestión tenía trescientos treinta millones de años, y se calculó que el animal medía 1´6 m de largo por 1 m de ancho, y que sería un antepasado lejano del escorpión actual. Se alimentaba de organismos pequeños y podía sobrevivir fuera del agua, arrastrando su cola. No poseía pinzas y tenía tres pares de patas de diferentes tamaños.

Dos años después apareció la pinza fosilizada de 46 cm de largo de otro tipo de escorpión en una mina de Prüm, Alemania, descubierta por el paleontólogo Markus Poschmann. Pertenecía a un *Jaekelopterus rhenaniae* que midió 2,5 m, demostrando así que estos artrópodos eran mayores de lo que se pensaba. El fósil fue desenterrado por partes y unido luego meticulosamente. Vivió hace entre cuatrocientos sesenta y doscientos veinticinco millones de años y se alimentaba de unos peces casi tan grandes como ellos. La teoría más divulgada para explicar el enorme tamaño de este escorpión marino fue la gran cantidad de oxígeno de la época. Otros científicos opinan que era una evolución forzosa para alimentarse de sus grandes presas, o incluso que se debió a la inexistente competencia con los vertebrados de entonces.

Haciendo caso a la primera teoría, hace unos trescientos millones de años gran parte de la Tierra estaba cubierta por inmensos bosques pantanosos. La concentración de oxígeno era tan enorme que permitió la proliferación de los mayores artrópodos que hayan existido en la Tierra.

La *Meganeura* es el mayor insecto volador conocido con una envergadura de alas de casi 1 m, similar al tamaño de un águila actual. Esta libélula gigante se alimentaba de otros insectos, reptiles y anfibios.

Sin embargo, el rey de esta época era el *Arthropleura*, una mezcla de milpiés y ciempiés. La mayoría de los registros fósiles han sido encontrados en América del Norte y Escocia. Medía entre 2 y 3 m de largo, con unas

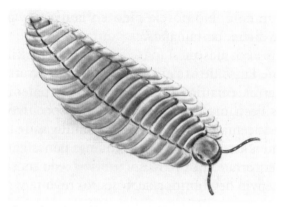

El *Arthropleura* llegaba a medir hasta 3 m de largo.
Dibujo de Manuel Ortiz.

fuertes mandíbulas, pero se cree que se alimentaba de musgos y vegetación putrefacta. Este dato fue deducido al encontrarse restos fósiles con polen en el intestino, aunque algunos estudios indican que esto sucedería en la primera fase de su vida, y se convertiría en omnívoro en la fase adulta. Con sus treinta pares de patas y unos movimientos parecidos a los de una oruga que se arrastra por el suelo, es probable que ayudara a la polinización de las plantas transportando el polen de un lugar a otro al rozarse con estas, al igual que los insectos de hoy en día. También podía desplazarse bajo el agua, donde mudaría su fuerte caparazón que le protegía de los depredadores, aunque sería en esta fase de muda en la que sería más vulnerable. La ausencia de espiráculo en el caparazón sugiere que respiraba a través de pulmones o branquias humedecidas.

Un fósil encontrado en 1980 por el paleontólogo argentino Mario Hunicken en la provincia de San Luis fue registrado en *El libro Guiness de los récords* como la mayor araña que haya existido en la Tierra, la *Megarachne servinei,* con una envergadura de alrededor 1 m y unos ojos de más de 1 cm. No obstante, en 2005 el experto en arácnidos Paul Selden, de la Universidad de Manchester, certificó que el fósil no pertenecía a una araña, sino a un escorpión marino. Especificó que el artrópodo tenía un solo par de ojos en lugar de los ocho que tienen las arañas, además de unas largas garras que utilizaba para abrirse paso entre el lodo de las ciénagas. Hunicken, el descubridor del fósil, no tuvo más remedio que aceptar el descubrimiento.

De parecidas proporciones, el título de mayor araña recaería en las *Mesothelae,* con un diámetro de entre 40 y 50 cm. Con un sistema respiratorio que incluía un par de pulmones, se alimentaba de insectos, reptiles y anfibios. Sus representantes actuales se limitan a un par de especies en el sudeste asiático, entre ellas la más famosa y buscada por los coleccionistas de arañas, la *Liphistius malayanus,* que presenta un abdomen segmentado que la convierte en la araña actual más primitiva.

Con el cambio de clima a uno más seco, el secado de las zonas pantanosas y una disminución del oxígeno, los grandes artrópodos no sobrevivirían, y por lo tanto disminuirían considerablemente su tamaño. Finalizado el carbonífero, aparecerían los primeros reptiles emparentados con los mamíferos.

El primer gran promotor de la paleontología fue Georges Cuvier (1769-1832), que se dedicó en cuerpo y alma a la búsqueda de fósiles, pues creía erróneamente que lo más interesante del mundo animal ya había sido descubierto. En la mayoría de los casos los fósiles suelen plantear un enorme rompecabezas para los paleontólogos,

El primer gran promotor de la paleontología, Georges Cuvier.

y cuando los restos encontrados son escasos, la ardua tarea de reconstruir una teórica imagen del animal en cuestión corre a cargo de los expertos mediante estudios e hipótesis. Este fue el caso del *Iguanodon,* los escorpiones gigantes y del *gigantopithecus.*

Entre 1935 y 1941, Ralph von Koenigswald adquirió una serie de enormes dientes en farmacias chinas, donde los fósiles son pulverizados y tomados a modo de medicamentos. En estas había restos del orangután continental extinguido, de elefantes, rinocerontes, tapires y osos del cuaternario, de manera que Ralph calculó que los dientes debían de ser de la misma época con unos cuatrocientos o quinientos mil años de antigüedad. Los dientes, por su gran tamaño, indicaban que pertenecieron a un antropomorfo de grandes dimensiones, mucho mayor que un gorila macho adulto, al que llamaron «*Gigantopithecus*». En la Segunda Guerra Mundial el paleontólogo fue hecho prisionero y, gracias a un amigo que enterró los dientes en un lugar seguro, pudo recuperarlos cuando fue liberado.

La dieta del coloso se basaba principalmente en el bambú, gracias a unos análisis que localizaron fitolitos, unos pequeños pedacitos de silicona formada por ciertas plantas entre sus células, en el esmalte de los dientes. Se calcula que medía unos 3 m y pesaba 550 kg. Estudios recientes han confirmado lo que ya se suponía, el *Gigantopithecus* coexistió junto al hombre y se extinguió hace unos cien mil años. Su desaparición probablemente se debiera a los cambios climáticos y a la competencia con el panda y el hombre, mejor adaptados. Desde el descubrimiento de este gigante, se le ha relacionado con el Yeti o Bigfoot, creyéndose que estos últimos son descendientes directos algo más evolucionados.

Desde su evolución a partir de los primitivos sinápsidos, los mamíferos han conquistado prácticamente todo el planeta, exceptuando la Antártida (a excepción de focas en las costas) e islas remotas como fuera el caso de Nueva Zelanda, que se separó del supercontinente Gondwana hace más de ochenta millones de años, cuando aún existían los dinosaurios. Al quedar separada de los demás continentes estas islas evolucionaron biológicamente de una manera distinta, predominaban las aves, sin ningún tipo de mamíferos. Los únicos existentes son dos tipos de murciélagos y uno de foca, que llegaron por aire y mar respectivamente. Los humanos llegarían mucho más tarde. Hace ciento veinticinco millones de años Australia y Nueva Zelanda estaban unidas. La paradoja está en que se habían encontrado fósiles de mamíferos con esa edad pero solo en Australia.

A finales de 2006 en un yacimiento de St. Bathans en la región de Otago de la isla Sur, se encontraron los restos de una mandíbula y un fémur de un animal terrestre del tamaño de un ratón, pero distinto de los mamíferos que conocemos. Según los estudios el pequeño animal evolucionó antes que los marsupiales y mamíferos placentarios, hace ciento veinticinco millones de años. La edad de los restos es de dieciséis a diecinueve millones de años, calculando que pudieron haber sobrevivido unos cien millones de años antes de extinguirse.

Hay una teoría que sostiene que toda esa zona estuvo sumergida hace veinticinco o treinta millones de años, y fue reconquistada por las aves. Quizás el animal llegara en algún tronco flotante, como lo hicieron ciertos lagartos en algunas islas, pero no consiguió sobrevivir.

Curiosamente, en 1850 el ministro neozelandés Walter Mantell, hijo del paleontólogo Gideon Algernon Mantell citado al comienzo de este capítulo, informó al mundo científico de que según los maoríes un animal de pelaje blanco y aspecto de nutria vivía en el interior de la isla meridional. Ocho años después el científico Ferdinand von Hochstetter, que viajó en el buque Novara a Nueva Zelanda, estableció contactos con naturalistas de las islas que le informaron de un tal *kaureke* o *uaitoreki*. Le comentaron que este animal era bien conocido por los indígenas, pero que ya se habría extinguido hace tiempo. En 1861 uno de esos contactos, Von Haast, le escribió una carta con los siguientes datos:

> A mil metros de altitud sobre el nivel del mar, en la cuenca alta del Ashburton, en la provincia de Canterbury, de la isla meridional, he visto con frecuencia sus huellas, en un país jamás pisado anteriormente por el hombre. Tales huellas son parecidas a las de una nutria europea, aunque algo menores. Pero el animal que las produjo solo ha sido visto por dos individuos que tienen una hacienda dedicada a la cría de ganado lanar junto al lago Heron, cerca del Ashburton. Lo describen como un animal de color pardo oscuro, del tamaño de un conejo grande. Cuando le atizaron con un látigo, lanzó un sonido sibilante y desapareció rápidamente en el agua, entre la hierba.

En 1863 Ferdinand en su libro sobre Nueva Zelanda escribió lo averiguado sobre el animal así:

> Algunas palabras de la lengua maorí y unas cuantas observaciones recientes no permiten dudar sobre la existencia de algunos raros mamíferos aislados en Nueva

Zelanda, que, por el momento, han escapado a los investigadores. En primer lugar se halla el *uaitoreki*, cuyas características quedaban hasta ahora nebulosas, porque en unos datos se le comparaba con una nutria y en otros con una foca. Lo que he podido averiguar es que vive en ríos y lagos de la parte montañosa de la isla meridional, es grande como un tejón y tiene un pelaje pardo y lustroso.

Ahí quedó el asunto, aunque hasta fechas más recientes ha habido alguna que otra noticia acerca de animales similares en las tierras maoríes. Tal vez algunos ejemplares de nutrias o castores fueron introducidos por los colonos en esos lugares pero no consiguieron adaptarse, como otras especies invasoras lo han hecho en otros países.

Dos décadas más tarde (1885), la bahía de Última Esperanza en Argentina acogería uno de los más rocambolescos casos de la paleontología del siglo XIX.

En las leyendas de los antiguos patagones se hablaba de grandes animales con una coraza bajo la piel, parecidos a topos gigantes. En las tumbas de antiguos nativos americanos del Mississippi, en cavernas de Brasil y Argentina se han encontrado restos de antiguos mamíferos como el *Mylodon* o el *Megaterio,* así como pinturas de estos animales representadas en piedra. Pero a pesar de que el hombre pudiera coexistir con el *Mylodon,* el *Megaterio* o el *Gliptodonte*, era demasiado apresurado pensar que estos animales pudieran sobrevivir hoy en día, pues de esa convivencia hacía miles de años. Aun así un argentino, Ameghino, se mostraba bastante ilusionado con la idea menos escéptica.

En un rancho cercano a la bahía de Última Esperanza encontraron lo que les suponía una importante prueba, un trozo de piel con huesos y pelos de

Según algunas teorías, los extintos perezosos gigantes podrían
sobrevivir hoy en día. Ilustración: Heinrich Harder.

color rojo pardusco, que pertenecía a un perezoso
gigante, pariente de los *Mylodones*. Ameghino pensó que
pertenecía a un animal muerto en fechas recientes y se
comenzó una búsqueda de la procedencia de la piel.

Así en 1890 Sebastián Roth descubrió una cueva
que parecía transformada por el hombre en un tipo de
cuadra, donde los animales parecían haber sido domesticados. En la excavación se encontraron huesos carboni-
zados y chupados por el hombre, y lo más importante,
una capa de estiércol procedente de los animales.
Científicos de todo el mundo se trasladaron al lugar, y
todos coincidieron en que no hacía mucho tiempo el
hombre y los gigantes desdentados habían coexistido
juntos, es más, que estos últimos fueron cuidados y
alimentados como si de ganado se tratase. Roth dio el
nombre de *Grypotherium domesticum* al *Mylodon* de Última Esperanza.

Un tal Ramón Lista, ministro argentino que vivía
cerca del lugar, aprovechándose seguramente del descu-

brimiento, relató que había disparado a un animal parecido a un armadillo pero más grande y de pelo largo, pero que escapó sin que fuera ni siquiera herido. Al poco tiempo se organizaron expediciones en busca del misterioso animal que terminaron en un rotundo fracaso. Una exhaustiva investigación de la cueva halló más restos del desdentado y de la especie *Macrauquenia,* que también coexistió junto al hombre según se dedujo. Finalmente otra teoría fue más aceptada; la cueva era una trampa, en la que los hombres de entonces sorprendían a los animales y les cerraban la salida, para luego asfixiarlos con humo. Así sucesivamente se acorralaron más animales en la cueva, lo que explicaría la capa de estiércol.

Los rumores de la supervivencia de perezosos gigantes en la Patagonia fueron propagándose hasta llegar a nuestros días. Un explorador dijo haber visto «dos osos erguidos, con cara casi humana». También se han encontrado excrementos de desdentados tan recientes que se distinguían claramente las plantas que comió el animal. El padre de la criptozoología, Bernard Heuvelmans, opinaba que dichas criaturas emigraron a las selvas evolucionando a un tamaño más pequeño, lo que explicaría los avistamientos de otro críptido, el *Mapinguari.*

En el caso de que estos perezosos gigantes fueran descubiertos, podríamos hablar de fósiles vivientes. El término «fósil viviente» fue empleado pioneramente por Charles Darwin en su famosa obra *El origen de las especies,* a propósito del ornitorrinco y del pez pulmonado de Sudamérica. Pero, sin duda, el emblema de los fósiles vivientes, el más conocido, es el celacanto. El 22 de diciembre de 1938, Marjorie Courtenay-Latimer descubrió entre la pesca del muelle este pez del que solo se tenía constancia en fósiles. Su identificación fue fácil pues su aspecto era idéntico al de sus antepasados fosilizados. Y para nada sería este el único caso.

Los Glifeoideos eran uno de los fósiles más comunes encontrados en las canteras, hasta que en 1975 alguien se topó con un ejemplar macho de casualidad en una colección de la Smithsonian Institution. Había sido capturado en 1908 e ignorado durante un largo tiempo. Fue descrito como una nueva especie, *Neoglyphea inopinata*, y así entre los años setenta y ochenta se realizaron expediciones para conseguir más ejemplares. Otra especie de la misma familia, *Laurentaeglyphea neocaledonica*, fue descubierta en 2005 en el mar de Coral, frente a la costa occidental australiana.

El cangrejo herradura *(Limulus polyphemus)* ya existía mucho antes que los dinosaurios. Realmente, aunque se le llama «cangrejo», no pertenece al grupo de los crustáceos, sino a otro orden más antiguo llamado «Eurypteridos», más próximo a los arácnidos. Su hábitat comprende el golfo de México y otras playas del Atlántico norte, llega a medir el 0,5 m, siendo los machos de menor tamaño. Su cola trasera la utiliza para darse la vuelta, ya que hace palanca cuando queda del revés con la marea. Hace poco se encontró en Canadá un fósil de cuatrocientos cuarenta y cinco millones de años, lo que nos da una idea de su antigüedad. Consiguieron sobrevivir a la extinción de los dinosaurios y apenas ha cambiado su fisionomía. La clave de su supervivencia hasta nuestros días está en su sistema inmunológico, ya que al dañarse y entrar en contacto con el agua del mar

El cangrejo herradura es todo un fósil viviente.
Ilustración: Heinrich Harder.

su sangre de color azul se endurece rápidamente evitando así cualquier tipo de infección, lo que le convierte en una especie muy apreciada en el mundo de la farmacología. Pero todo esto va más allá y en 1970 las sondas Viking 1 y Viking 2 enviadas a Marte se recargaron de esta sangre para un supuesto hallazgo de vida en el planeta rojo, ya que era un sistema mucho más rápido que otros anteriormente utilizados. Si existía algún tipo de microbios, al entrar en contacto con la sangre en un aparato especial estos serían detectados fácilmente, pero no hubo rastro de este tipo de vida. Aun así, este método ha sido desde entonces utilizado por la NASA en las exploraciones espaciales.

Otros artrópodos, como la cucaracha, o escualos como el tiburón anguila *(Chlamydoselachus anguineus),* también han sobrevivido hasta nuestros días sin necesidad de cambiar su forma física. La gran variedad de especies existentes en el pasado incluía algunas con una forma de vida muy similar a las de hoy en día.

El Henodus chelyops se parecía a las tortugas actuales pero solo exteriormente. Habitaba en lagunas de Europa occidental y medía 1,5 m de largo, con una dieta basada principalmente en moluscos y crustáceos. Su caparazón se componía de placas óseas que formaban una especie de caparazón similar al de las tortugas, pero con la columna vertebral unida a este. Debido a sus extremidades poco desarrolladas, se cree que pasaba poco tiempo en tierra firme. Poseía un cráneo ancho, casi rectangular, con una dentición limitada a un par de dientes pero con un fuerte pico para triturar el alimento. El *Henodus* es el único placodonte que no vivía en ecosistemas marinos, y se extinguió a finales del triásico junto con todos los

El *Henodus chelyops* tenía un gran parecido a las tortugas.
Dibujo de Manuel Ortiz.

placodontes. Sus primeros fósiles fueron encontrados en Tübingen, Alemania.

La paleontología sigue avanzando, y hoy en día nos da una visión distinta de la que se tenía de muchas especies extintas, como ocurriera con el *Iguanodon*. Uno de los hallazgos más sorprendentes durante los últimos años ha sido encontrar en China un pariente antiguo del tiranosaurio rex cubierto de primitivas plumas, lo que ha llevado a los científicos a pensar que el dinosaurio carnívoro más famoso también las tuviera en algún momento de su desarrollo.

LEYENDAS URBANAS
Y FALSIFICACIONES
CRIPTOZOOLÓGICAS

Los habitantes del campo suelen tener ciertas creencias, basadas en viejos mitos y leyendas que vienen de mucho tiempo atrás. Una de ellas contaba que cuando los caballos bebían en el río o alguna charca dejaban caer cabellos de su crin o cola, con lo que pasado un tiempo estos cabellos se transformaban en serpientes acuáticas como si de algún tipo de hechizo se tratara. Esta es una de las leyendas que más me han impresionado desde pequeño, pero con el tiempo empecé a pensar que debía tener una explicación más natural de la que se creía. Mi sospecha tuvo un espaldarazo cuando adquirí el *Bestiario mágico* de Jesús Callejo. Esa supuesta serpiente que nacía de los cabellos equinos se debía a un tipo de gusano, el *Gordius*, que pasa la fase larvaria dentro de los escarabajos de los que se alimenta hasta que se convierten en adulto, transformándose en un gusano increíblemente parecido al pelo, con su cabeza blanca igual que la raíz del cabello. Su fase adulta la pasa en el agua para poder aparearse, lo que explica la confusión. También me sorprendió que esta leyenda no es solo de mi zona natal, sino de muchos más lugares de España.

Otra leyenda que me contó mi padre de pequeño trataba sobre la curiosa forma de curar una picadura de araña. El método consistía en atrapar al arácnido en un recipiente y que una persona se pusiera a tocar flamenco con su guitarra mientras la persona picada debía bailar frenéticamente sin parar hasta expulsar el veneno mediante el sudor. Pero no quedaba ahí la cosa, pues la araña responsable de la picadura se iba rasgando el esternón con sus patas al compás de la guitarra hasta que se causaba ella misma la muerte. Como ocurriera con la anterior leyenda esta también se extendía por más sitios de España y aquí la historia también se convierte en algo oficial. En 1787 un médico llamado Francisco Xabier Cid publicó un libro llamado *Tarantismo observado en España*. El «tarantismo» se refería al baile que se realizaba para contrarrestar el veneno de la tarántula, y en 1875 la Junta Gubernamental de Medicina de España lo recomendaría como un tratamiento oficial ante tales picaduras.

Tampoco podía faltar la leyenda del lagarto que es amigo del hombre y enemigo de las serpientes, pues cuando una persona se queda dormida en el campo antes de que llegue la serpiente se le adelanta el lagarto y con su rabo le hace cosquillas en el oído para despertarla. Qué majo. Pero claro, si hablamos de la salamanquesa cambian las tornas, pues si te cae encima o la tocas con las manos te quedas calvo. Para hablar a favor de este geco, decir que es una de las encargadas en las ciudades de alimentarse de todos esos bichos que el hombre detesta. Otro tanto ocurre con el sapo común *(Bufo bufo)*, al que se le acusa de venenoso para el hombre y muere aplastado en las carreteras, cuando es una gran ayuda contra las plagas de insectos. Para colmo se le ha utilizado desde hace siglos en todo tipo de brujerías, con el fin de hacer daño a la persona deseada, a modo de vudú.

Pasando a las ciudades, las leyendas urbanas comienzan con la poca información o exageración de algún acontecimiento que se perpetúa de boca en boca, de generación en generación, o de una cultura a otra, añadiéndose aspectos inexistentes que la convierten en una historia mucho más interesante y sorprendente que la original.

La presencia de monstruosos cocodrilos en las alcantarillas es una leyenda urbana que se originó en los Estados Unidos a principios del siglo XX. Estos réptiles se compraban como mascotas pero una vez que crecían se convertían en un problema, por lo que eran arrojados por el inodoro. Ya en las cloacas se alimentaban de ratas, y crecían desmesuradamente convirtiéndose en gigantescos monstruos albinos, que atacaban y se alimentaban de indigentes o del personal de mantenimiento de las cloacas. Aquí en España, un diario local de Sabadell de los años setenta informó del cadáver de un monstruo de varios metros encontrado en las alcantarillas. Un posterior análisis determinó que se trataba de materia orgánica acumulada.

La leyenda en sí ya es demasiado fantástica, pues según parece estos animales no podrían soportar el frío y la contaminación del subsuelo. Pero lejos de seres albinos y descomunales, sí se tiene constancia real de haber encontrado réptiles en las alcantarillas, como caimanes o serpientes. El misterio está en cuánto tiempo y cómo llegarían a estos lugares y, aunque rocambolesca, seguramente tendrá su lógica explicación.

Una de las más extendidas y recientes leyendas urbanas se origina con la intrusión de los Estados Unidos en Iraq. Desde el inicio de la guerra comenzaron a difundir, sobre todo por internet, increíbles historias sobre una enorme y terrorífica especie de araña. Según se contaba inyectaba novocaína para dormir a sus víctimas (camellos o personas) y comérselas lentamente, aprovechando para depositar sus huevos de una forma parasitaria. Corría a una increíble velocidad y saltaba a metros de altura, emitiendo además sonidos parecidos a gritos. Desde luego el que comenzó toda esta historia dejó claro que le iba la ciencia ficción. En realidad estas historias se vienen propagando desde la guerra del Golfo. El animal en cuestión es un solífugo *(Galeodes arabs),* un arácnido al que llaman «araña camello», pero no porque se alimente de estos, sino porque viven en zonas desérticas. Corren a gran velocidad, pero sin exagerar, no saltan a varios metros, ni gritan, y por lo general son inofensivas para el hombre, midiendo hasta un máximo de 16 cm. La común aversión a los arácnidos ayuda a que estos mitos se propaguen con mayor facilidad.

A veces se aprovechan de esas leyendas y mitos, como burla o con fines lucrativos, y lo cierto es que la criptozoología esta llena de estos percances.

En 1890 dos rancheros de Tombstone, Arizona, aseguraron haber dado muerte a un enorme saurio alado y de larga cola. Una vez en el suelo, sus medidas oscilaban entre 28 m de largo y una envergadura de alas de 49 m. Pero como por arte de magia el cadáver desapareció, seguramente devorado por buitres de más de 100 m de

Al contrario que las serpientes, las lagartijas y lagartos son consideradas benévolas por el hombre.

envergadura… Dejando a un lado la ironía, cuatro años antes en la misma zona sucedió un caso similar. Estos no eran más que montajes periodísticos, una manera de propaganda para vender más periódicos, hasta ofreciendo falsas fotografías.

En 1932 cuatro nativos del occidente de Sumatra aseguraron haber capturado a una cría de *Orang-pendek*, cuya madre, a la que principalmente quisieron dar muerte, consiguió huir. El pequeño simio, que medía unos 42 cm de largo, tenía una piel gris sin pelo, con gran parecido al hombre; la prensa mundial se hizo eco de la noticia, pero el escéptico K. W. Dammerman, director del Museo de Buitenzorg por aquel entonces, descubrió que todo era un engaño. Examinando el cadáver, observó que los brazos eran demasiado largos, que tenía desarrollados los segundos dientes y le habían afeitado la piel del cuerpo. Para colmo, le cortaron la cola y le reconstruyeron la nariz con un trozo de madera incrustada dentro de esta. Este engaño de los malayos hizo mucho daño a la leyenda del *Orang-pendek,* pero las noticias de avistamientos del enigmático simio siguieron produciéndose hasta hoy.

Aquí en España, en septiembre de 1989 dos parejas disfrutaban de un *picnic* en un bosque cercano a Girona, en la ruta que va de Bañolas a Olot, cuando de pronto observaron cómo una criatura de gran parecido a un «pitufo», salía de la maleza. Emitía unos sonidos parecidos a risas, respondiendo tal vez a la música que escuchaban los testigos en un reproductor. Acto seguido el pequeño ser subió al aparato, emitiendo unos alaridos, lo que aprovecharon los allí presentes para atraparlo con una manta que le echaron por encima. La criatura, según indicaron, tenía una piel suave. Lo llevaron a casa y lo encerraron en una jaula, pero al negarse a comer y debido al miedo que padecía, falleció a los cuatro días.

Poco después fue guardado en un frasco con formol y vendido al parapsicólogo y experto en vampiros Ángel Gordon. El supuesto «gnomo» tenía unos 12 cm, grandes ojos rojos, un color amarillento (debido al formol), orejas parecidas a las de un conejo y un prominente apéndice en la frente, con tres pelos detrás del cogote. El ufólogo neoyorquino Manuel Fernández consiguió fotografiarlo tras una entrevista.

Gordon piensa que el parecido de la criatura con un pitufo no es pura casualidad, pues estas caricaturas están basadas en el folklore alemán, que da por real que viven en la Selva Negra de Alemania.

El doctor español Luis Linares de Mula afirmaba:

> Puede que sea un ser monstruoso, un caso teratológico, es decir, un animal deforme, en el que se desarrollan los

tejidos, los órganos, los miembros, etcétera, de forma anormal. También puede ser el descubrimiento de un ser primitivo que ha sobrevivido en una zona lo suficientemente fría, en la nieve o un glaciar, para que pervivieran los tejidos, la carne y las vísceras además de los huesos. En este caso se trataría de un animal desconocido para la ciencia.

Posteriormente el investigador Francisco Contreras descubrió que Mario Añaños y Juan Pujals, maridos de los dos matrimonios que lo cazaron, nunca existieron. Manuel Tello, un vecino de Girona, dijo que él fue el auténtico descubridor del animal ya muerto, lo metió en un bote y le hizo unas fotografías. Toda la historia, difundida por los medios de comunicación, pareció ser un montaje aún no muy claro del todo.

Por el año 1971 un profesor de origen filipino y residente en Puerto Rico, llamado Alfredo García Garamendi, anunció haber capturado una especie de pez antropomorfo que podía respirar fuera del agua, ponerse de pie y trepar a los árboles. Llamó a la criatura *Garadiabolo* en honor a su apellido y a los diabólicos rasgos que presentaba. Garamendi envió radiografías y fotografías del raro espécimen a la Universidad de Puerto Rico por medio de su amigo Francisco Guell para que se las entregara al doctor Cerame Vivas, director del Laboratorio de Ciencias Biológicas Marinas por aquel entonces. No obstante, se abstuvo de enviar el «monstruito» en sí, ni siquiera una muestra de este.

Cerame, al no poder clasificar tal rareza, incluso pidiendo la ayuda de su amigo ictiólogo William H. Eger, envió una carta donde decía que estaba dispuesto a enviar a la señorita Bonnie White del Departamento de Ciencias Marinas para recoger el espécimen, algo con lo que no contaba Garamendi. Él esperaba que las fotografías y radiografías fueran suficientes para que aquel gran descubrimiento se le fuera atribuido heroicamente a él. ¿Pero qué ocurrió entonces? Pues que aparecieron los «*men in black*» de toda la vida y se lo llevaron. Así de sencillo. Garamendi, viéndose acorralado ante la propuesta de Cerame Vivas, no tuvo más remedio que inventar esta penosa excusa.

Pero no quedaría ahí la cosa y nuestro protagonista publicaría en 1974 el libro *Los garadiabolos*, en el cual arremete contra Cerame por asociar su hallazgo con un pez prehistórico y conceder entrevistas para querer apropiarse de todos los méritos, cuando se le exponía que el extraño ser podía ser de origen extraterrestre. Tanto el libro como las acusaciones eran tan absurdas como su propio escritor. Cuando Garamendi se enteró de que se pedían más ejemplares por parte de expertos, entre ellos el doctor William H. Eger, tuvo la «suerte» de capturar dos *Garadiabolos* más.

Aunque desde el principio todo apuntaba a un engaño, pronto aparecerían varios puertorriqueños con ejemplares de *Garadiabolos*. El doctor Cerame acertó en su identificación, se trataba de unos peces guitarra, cuya familia *Rhinobatidae* alberga unos ciento dieciséis tipos, que eran disecados y manipulados taxidérmicamente para venderlos a los turistas, también en más partes del mundo. En un trabajo de taxidermia originaria de Asia, y que ya en 1558 Konrad Gesner lo describía como falsificación en su *Historia animalium*, a los peces se les cortaba las aletas, se seccionaba su cola en tres partes, dos de la cuales se transformaban en piernas, y la central en la cola. A pesar de saberse el origen de los *Garadiabolos*,

La espantosa sirena de Fiji.

estos siguen apareciendo hoy en día, y comúnmente se asocian a fenómenos ufológicos de todo el mundo. Pero la taxidermia como método de falsificación en la criptozoología venía ya de muchos años atrás.

La historia de la sirena de Fiji o Feejee comienza en 1822, cuando un capitán llamado Samuel Barrets vendió el barco en el que navegaba para poder comprarla. El propietario del barco era en realidad Stephen Ellery, que llevó la sirena a un experto en anatomía que le desveló la falsificación, advirtiéndole que se realizó a partir de la mitad de un mono y la mitad de un pez. No obstante, Samuel Barrets no hizo caso al experto y la sirena fue pasando de un lugar a otro exponiéndose en ferias inglesas que poco a poco la iban relegando al olvido. Hasta que veinte años después un tal Barnum se hizo con ella. Aunque este anunciaba una bella sirena mitad mujer, mitad pez, los visitantes se encontraban con semejante esperpento. Sobre ella se decía que originariamente había sido capturada por un pescador chino que tuvo que ser

En el pasado los taxidermistas creaban seres monstruosos para exhibirlos en los circos.

ayudado por más hombres por su dificultad para ser atrapada. Otras falsificaciones célebres serían la sirena de Djibouti, que rompía las redes de los pescadores y que fue rebautizada posteriormente como *Ichtyanthropus*, o un supuesto «niño cocodrilo».

Si hay unos críptidos que no se podían escapar de la superchería y las falsificaciones esos eran los monstruos acuáticos.

En 1845 Albert Coch, expositor comercial, cobraba veinticinco centavos por persona para poder ver a su *Hydrargos sillimani,* cambiada posteriormente por *«Hydrarchos sillimani».* Se trataba de un falso esqueleto que simulaba una serpiente gigante de 35 m, que había sido creada a partir de huesos de *Basilosaurus,* y lo paseó por toda Europa y los Estados unidos.

Ya en el siglo XX, la famosa fotografía que durante casi todo susodicho siglo funcionó como una prueba irrefutable de la existencia del monstruo del lago Ness era falsa, según confesó Chris Spurling el 12 de marzo de 1994. Marmaduke Wetherell falsificó la fotografía cuando trabajaba en el *Daily Mail,* descartándose así que fuera realizada por el cirujano R. K. Wilson el 19 de abril de 1934, hasta entonces supuesto autor de la misma. Parece ser que el periódico le utilizó para buscar un falso monstruo, una burla de la que decidió vengarse ayudado de su yerno Chris Spurling. El montaje fue construido con arcilla emulando la silueta del monstruo, que fue pegado a un submarino de juguete.

Tanto Nessi como los falsos avistamientos de monstruos lacustres originaron la expresión «serpientes de verano», que se refiere a la utilización de falsas historias que se usan de relleno en periodismo, concretamente en la época de verano, que es cuando más suelen escasear las noticias importantes.

En cuanto a falsas fotografías, solo hay que buscar un poco en internet para darse cuenta del cuidado que se ha de tener con estos temas.

En los años sesenta una feria que recorría los Estados Unidos paseaba un gran bloque de hielo con un supuesto homínido dentro que no tardó en llamar la atención de dos expertos en la materia, Bernard Heuvelmans e Ivan T. Sanderson. Ante tal rareza pidieron obtener fotografías de lo que catalogaron como un *neanderthal*, y acordaron un alto precio por su compra. Cuando volvieron con el dinero, el feriante Frank Hansen dijo haber devuelto el cadáver a su dueño ante su negativa de venderlo. No obstante, el feriante confesó que era una réplica, pero del original que estaba en posesión de su verdadero dueño, un millonario que lo había adquirido en China.

Se llegó a decir que incluso el FBI se entretuvo en buscar el homínido, pero no hubo rastro de él. Examinando las fotografías parecía que el pelo salía de la misma piel y se observaba un agujero de un disparo en la cabeza. Nunca más se supo del supuesto homínido. Al poco tiempo un experto en efectos especiales de Hollywood afirmó que él mismo se había encargado de fabricar con látex la pieza del feriante.

Aunque casi todos los casos citados en este capítulo indiquen claramente bulos sin la necesidad exhaustiva de una investigación a fondo, resulta curioso que siempre aparece alguien adjudicándose la autoría de los mismos, queriendo tener no menos «fama» que el caso en sí. Y esto ocurre con bastantes casos dentro de la criptozoología.

Hydrarchos sillimani, la falsa serpiente marina
construida a base de huesos de *Basilosaurus.*

Recientemente dos supuestos cazadores de bigfoots aseguraban tener el cadáver del Bigfoot de California, legendario críptido de la zona. Loren Coleman se emocionó bastante ante la noticia y con autorización de Search Bigfoot Inc. hizo lo que no debía: anunció el hallazgo como verdadero sin tener pruebas de ello. No pudo acabar más bochornosa la cosa. Por lo visto los cazadores de la criatura, Matthew Whitton y Rick Dyer enviaron pruebas de ADN a Tom Biscardi, que dirige Search Bigfoot Inc., el equipo de búsqueda del Bigfoot, pruebas que en los primeros análisis parecían pertenecer a un simio. Pero a cambio del cadáver Matthew y Rick pidieron una suma de dinero por el descubrimiento, que sorprendentemente recibieron. Y entonces llegó el desastre. Una vez con el cadáver en sus manos se dispusieron a descongelarlo con casi todo el equipo de Tom Biscardi y periodistas a la espera de encontrar por fin el eslabón perdido. El cuerpo fue apareciendo poco a poco, hasta que asomó el pie, un pie que era de goma. Aquí acaba la historia, y aquí es donde surge la pregunta de cómo puede haber gente tan inocente.

Por último, si queremos que la criptozoología se tome en serio, no podemos dejarnos llevar por la imaginación desbordada, no se pueden hacer documentales de reconocidas productoras en las que solo se ofrezcan pruebas inútiles, huellas o pelos, pruebas que al final resultan ser de un animal ya conocido, y mucho menos anunciar descubrimientos sin estar seguros de que sean verdaderos. Con estas cosas hay que ir con mucho cuidado. Mientras tanto, la criptozoología quedará en manos de los últimos románticos, de todos aquellos científicos y amantes de lo desconocido, aquellos que intentan descubrir qué hay detrás de los «misterios de la zoología».

BIBLIOGRAFÍA

LIBROS

BRYSON, Bill. *Una breve historia de casi todo.* RBA Libros, 2005.

CALLEJO, Jesús. *Bestiario mágico.* Edaf, 2000.

CAPUTO, Philip. *Los fantasmas de tsavo. Tras el misterio de los leones del África Oriental,* National Geographic, RBA Publicaciones, 2003.

FRENZ, Lothar. *El libro de los animales misteriosos,* Ediciones Siruela, 2003.

GENZMER, Herbert; HELLENBRAND, Ulrich. *Enigmas de la humanidad,* Parragon Books Ltd., 2007.

GONZÁLEZ, José G.; HEYLEN, David. *Criptozoología. El enigma de los animales imposibles,* Edaf, 2002.

Guerra, A.; González, A. F.; Rocha, F.; Gracia, J. y Laria, L. *Enigmas de la ciencia: el calamar gigante.* Guerra, A., A. F. González, F. Rocha, J. Gracia, y L. Laria, (eds.), 2005.

Minelli, Giuseppe. *Los anfibios. Del agua a la tierra.* Ediciones SM, 1990.

Parker, Steve. *El libro completo de los dinosaurios.* Blume, 2007.

Prince, Robert M. (ed.). *La Saga de Cthulhu.* La Factoría de Ideas, 2006.

Walker, Martin. *Hechos inexplicables.* Edicomunicación, 1991.

Wendt , Herbert. *Auf noahs spuren. Die entdeckung der tiere.* G. *Grote'sche verlagsbuchhandlung, Hamm (westf), 1963.*

Revistas y Prensa

Más Allá, N° 38, septiembre de 2001.

Magazine, domingo 30 de noviembre de 2003.
El Mundo, viernes, 8 de abril de 2005, Año XVII, Número: 5.596.

Año Cero, N° 03.128.

Año Cero, Nº 85, agosto de 1997.

El Faro Información, 31 de julio de 2003.

INTERNET

- http://www.esencia21.com
Una estupenda web sobre toda clase de misterios,
con un especial apartado sobre criptozoología. Sin
duda, la fuente de información de habla hispana
más importante de la red.

- http://sites.google.com/site/apuntesdecriptozoologia
Apuntes de criptozoología. Otra importante fuente
de información sobre el tema de habla hispana, a
cargo de Germán Fernández.

- http://www.criptozoologia.org
Sociedad Española de Criptozoología.

- http://www.editorialbitacora.com
Interesante web con toda clase de misterios, incluida la criptozoología.

- http://www.criptozoologia.net
Página detallada de todos los animales fantásticos
que hay escondidos en nuestro planeta.

Páginas internaciones sobre criptozoología

- http://www.criptozoo.com

- http://www.cryptomundo.com

- http://www.cryptozoology.com

- http://www.lorencoleman.com

- http://www.newanimal.org

Otras webs sobre temas tratados en el libro

- http://www.escalofrio.com
  Con un interesante apartado sobre criptozoología.

- http://www.lo-inexplicable.com.ar
  El apasionante mundo de lo paranormal, lo desconocido y lo inexplicable.

- http://www.anomalia.org
  La primera fundación española dedicada al estudio científico de los ovnis.

- http://www.emisterios.com
  Diario digital de misterio, enigmas y de lo paranormal.

- http://www.copernico.bo.it/sito_old/subwww/-lavoro%20evoluzione/condroitti/squali_miste-riosi.htm
  Sobre escualos misteriosos de Maurizio Mosca.

- http://neofronteras.com
  Noticias de ciencia y tecnología.

- http://www.signatus.org
  En defensa del lobo ibérico.

- http://www.planetazul.org.ar

- http://www.asianturtlenetwork.org

OTROS TÍTULOS

¿Qué hay de verdad en
las investigaciones de Iker Jiménez?

IKER
EL MAGO DEL MISTERIO
Los expedientes X de *Cuarto Milenio*… al descubierto

ANTONIO LUIS MOYANO

nowtilus
frontera

IKER EL MAGO DEL MISTERIO

Aproxímate a la nave del misterio desde otra nave más inquietante y sorprendente: la realidad. Antonio Luis Moyano ha conseguido realizar un análisis crítico, pero singularmente ágil, del que quizás es el más grande fenómeno mediático dedicado a lo paranormal de los últimos tiempos.

¿Cuál es el secreto —o los secretos— que esconde este famoso programa? ¿Por qué el número de fieles seguidores va creciendo cada vez más? ¿Cómo consigue esta pareja de periodistas —Iker y Carmen— sorprender en la radio, en la televisión y en el medio escrito a millones de personas?

En este libro se responden a estas y otras preguntas con razonamientos precisos y datos fidedignos que, evidentemente, sobrepasarán las expectativas de los lectores y los seguidores del líder en España de todo aquello que va más allá del entendimiento.

Autor: Antonio Luis Moyano
ISBN: 978-84-9763-801-2

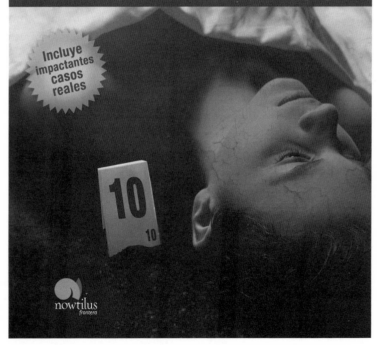

¿Cómo soluciona la policía científica
los delitos más insólitos?

INVESTIGACIÓN
ABIERTA

JANIRE RÁMILA

LA CIENCIA
CONTRA EL CRIMEN

**Las técnicas policiales de investigación criminal
más avanzadas para resolver crímenes complejos**

Incluye
impactantes
casos
reales

nowtilus
frontera

LA CIENCIA CONTRA
EL CRIMEN

A lo largo del tiempo, el avance de la ciencia ha permitido sorprendentes mejoras en las técnicas criminalísticas y el desarrollo de nuevas y sofisticadas armas con las que luchar contra el crimen. El estudio de la actuación y evolución de los insectos en el cuerpo humano, el análisis de los huesos, el estudio de la mente de un asesino en serie, son técnicas muy recientes que han permitido solucionar casos especialmente difíciles. En ese sentido, este libro no solo se detiene en la mera enumeración y descripción de técnicas criminalísticas, sino que, además, se concentra en explicar el funcionamiento de cada una de ellas aplicándolas a casos reales y estremecedores.

Este libro nos logra acercar de manera minuciosa a las más modernas armas científicas con las que la policía científica cuenta para detener a los criminales.

Autor: Janire Rámila
ISBN: 978-84-9763-813-5

¿Cuáles son las amenazas reales
a las que se enfrenta la humanidad?

EL RELOJ DEL
FIN DEL MUNDO

Claves para entender los acontecimientos que pueden llevar al ocaso de la civilización y las respuestas de los expertos

nowtilus
frontera

ALFONSO FERRER

EL RELOJ DEL FIN DEL MUNDO

Guerras y catástrofes, cambio climático, pandemias... ¿Señales del fin de los días? ¿Impactará un asteroide contra la Tierra en 2036? ¿Sufrirá el planeta mayores desastres naturales? Tiene usted en sus manos un esclarecedor libro que responde a todas estas preguntas de una manera clara y precisa, con la ayuda de los mejores expertos en cada materia. El fin de la humanidad ya no es únicamente cosa de los profetas, los científicos se lo han tomado muy en serio. En 1947 un equipo de expertos de la Universidad de Chicago creó el denominado «Reloj del Fin del Mundo», un reloj que señala el progresivo acercamiento de la humanidad a su fin. Desde enero de 2007 el Reloj apunta a que estamos a «cinco minutos» del fin de los días.

Autor: Alfonso Ferrer
ISBN: 978-84-9763- 565-3

INVESTIGACIÓN
ABIERTA

JUAN ANTONIO CEBRIÁN

PSICOKILLERS

Perfiles de los asesinos en serie más famosos de la historia

nowtilus
frontera

PSICOKILLERS

Verdugos, estranguladores, antropófagos, asesinos en serie, ogros… en definitiva, el mayor elenco de psicópatas de la Historia al que pueden enfrentarse los lectores ávidos de sensaciones escalofriantes. El por qué de sus conductas, los motivos que los llevaron a convertirse en unos asesinos despiadados, todas las claves que podrían explicar sus pavorosos crímenes en este libro narrado de manera trepidante y amena.

Descubre los más inquietantes detalles y los más truculentos acontecimientos de crímenes cometidos por individuos sin escrúpulos que antepusieron sus deseos, sus ambiciones, sus más nimios antojos a la vida de sus vecinos, de sus familiares, o de desconocidos que tuvieron, por obra y gracia de un destino macabro, la mala suerte de cruzarse en el camino de semejantes psicópatas.

Autor: Juan Antonio Cebrián
ISBN: 978-84-9763- 409-0